漫畫

馬關條約簽訂之後 ...

自西元 1895 年 5 月 29 日 14 時 40 分日軍侵台始 ——

清末 [乙未年] 台灣抗日大戰

台灣史上最大的戰爭！

日軍分北中南三路侵台，總兵力九萬餘人，台灣義軍義民激烈抵抗近五個月，包括無辜百姓共犧牲近廿萬人之眾。

一直被隱藏的歷史!!

台灣抗日大戰
寶島遍地烽火大夏天

全書參考台灣史書，並對照日本出版的日軍攻台書籍，也有當代台灣文人詩詞，悼念忠臣烈士事蹟。

前期抗戰4個月零26天。後期抗戰約8年才結束

當日軍登陸北台灣，就遭遇抵抗，台灣百姓平日辛勤工作，遇事則接受地方頭人（地主或有影響力者）領導。
三峽、大溪惡戰!!
官方和頭人鼓吹保家衛國抗日，就有許多人投入抗敵行列。
只有滿腔抗敵熱血，卻對敵人軍情不明。
當年日本國內報紙所登載屠殺台灣人民圖畫可佐證
三峽、大溪之戰，義民軍是主力。
啊
殺
殺
三峽
大溪
台民
日本畫家↓
報導日軍揚威台灣繪圖之一
勇
義勇軍
大溪之戰
閩南人和客家人在此役斬日軍甚多。
日軍從土城起殺往三峽、大溪，一路上採取見人就殺的「無差別掃蕩」手段！

此役被殺的農民和義勇軍遺屍一千餘具，房舍被焚約五千餘戶。
之後日軍再屠殺到桃園，桃園犧牲多少台灣人民？資料不詳。
日軍南侵，只要有抵抗，日軍便祭出「無差別掃蕩」之
趕盡殺絕命令，愈殺民怨愈深。
台民積仇日深不需要頭人指揮便聚眾殺敵，犧牲非常慘重。

秀才、舉人、進士和農工都執戈參戰，日本魔軍好像捅了虎頭蜂窩。

四百年來台灣最大的戰爭。台灣人民武裝抗日血淚史。

顫抖！震撼！

鄭成功與荷蘭人之戰，鄭軍與施琅之戰。朱一貴反清之戰等戰役，與抗日戰爭相比皆微不足道。在台灣許多地方，日軍見人就殺，即使跪拜迎接日軍的台民，因不受信任也被殘殺。無辜婦女被姦殺則更不計其數。

敵人來了會搶走我們
數代開墾的田園土地，
我家世代都是窮農夫，
因為抵抗，
父母、親人都被殺光！
大時代
宿命
抗倭寇！
殺敵！
抗日歌
驅逐倭寇
猖狂倭賊海上來，
槍砲刺刀武士刀，
由北南侵燒殺搶，
台民勇敢又善戰，
放下鋤頭提刀鎗，
軍民同心滅倭寇，
屋舍竹林作戰場。
義勇
房子被燒光了！
躲不及的都被殺光了。
怎麼辦？報仇！

目錄

一百多場戰役美國記者戴維森雖然無法全部參與，但整個大局他都盡量瞭解。
←美國隨軍記者戴維森
台灣農民勇士甚多，像美國建國戰爭時的農民一樣勇敢。

自光緒二十年（西元一八九四年）清日宣戰，北洋軍屢戰屢敗，所失者不過遼寧一地，清朝尚未全國總動員作戰，所以戰爭全局勝負尚未分曉…
大清國權貴
是時日軍尚未登陸山東，而清廷昏庸無能竟然遣使求和。
日本軍官
鬼戰士
魔軍

刀口下的台灣

清日甲午戰爭與割讓台灣的「馬關條約」

自鴉片戰爭以降，清朝懼外成習，每遇外患不論勝負立刻急欲求和。
主和派
先是求和，然後割地賠款。
主戰派
李鴻章72歲
李氏官已大得不能再大了。

日明治27年甲午之戰是清日第一次大戰，但交戰僅北洋淮軍。清海戰大敗，但陸戰也僅…
日軍二萬
殺人機器
淮軍一萬四千
淮軍數萬
清湘軍
北韓與遼寧和山東一隅而已，其餘各省軍隊尚未投入抵抗日本侵略戰局。
韓國
漢城
平壤
旅順
大連
北京
黃海
中國大陸
淮軍數萬
太平洋

陸軍直隸提督葉志超在淮軍中最順著李鴻章，所以能位至斯職。
北洋海軍司令丁汝昌和艦長方伯謙皆是李氏親信，同樣膽怯怕死遇敵則逃。
可是葉志超無用貪功，聞日軍至即刻退兵數百里，並且生活糜爛無比，且縱兵殃民，魏汝貴所部最為嚴重，深受韓人痛恨。
北洋海軍的豐島之戰和黃海大決戰，雖然海軍健兒奮勇死戰，但是…
轟！
因領導無能無法發揮戰力，被日艦圍攻纏打壯烈成仁。
轟轟
後來葉志超、魏汝貴被逮捕回京，方伯謙則在陣前被李鴻章就地正法。
日軍攻旅順之前，清軍已秩序大亂。
各將領束手無策。
清軍也不乏能征善戰將領，如程邦道、聶至成等。
可惜殘兵不多，補給不足，一、二十萬清軍真正打仗的軍官只有他們倆人。
旅順失守，日軍入內屠城四天，不分男女老少。
全市只留下三十六活口。
是為了留下來抬屍體。
帽子上寫著…
此人不可殺
日軍的殘暴，歐美各國交相指責日軍是…
野蠻怪獸

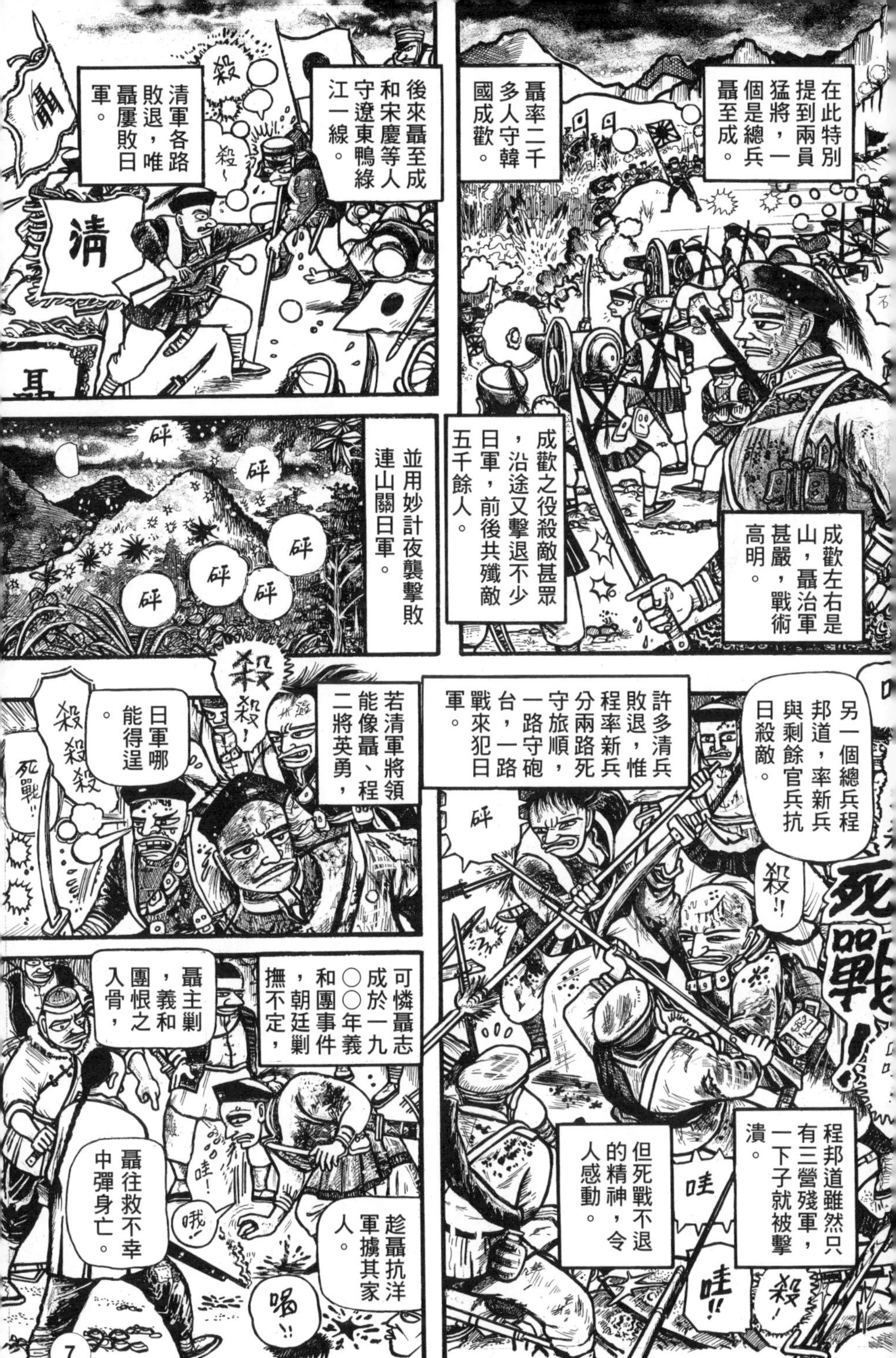
在此特別提到兩員猛將，一個是總兵聶至成。
聶率二千多人守韓國成歡。
成歡左右是山，聶治軍甚嚴，戰術高明。
後來聶至成和宋慶等人守遼東鴨綠江一線。
殺
殺~
清軍各路敗退，唯聶屢敗日軍。
清
成歡之役殺敵甚眾，沿途又擊退不少日軍，前後共殲敵五千餘人。
並用妙計夜襲擊敗連山關日軍。
砰
砰
砰
砰
砰
砰
另一個總兵程邦道，率新兵與剩餘官兵抗日殺敵。
許多清兵敗退，惟程率新兵分兩路死守旅順，一路守砲台，一路戰來犯日軍。
死戰!
殺!!
砰
若清軍將領能像聶、程二將英勇，
殺
殺!
日軍哪能得逞。
殺殺殺
死戰!!
程邦道雖然只有三營殘軍，一下子就被擊潰。
但死戰不退的精神，令人感動。
哇
哇!!
殺!
可憐聶志成於一九〇〇年義和團事件，朝廷剿撫不定，
聶主剿，義和團恨之入骨，
趁聶抗洋軍擄其家人。
聶往救不幸中彈身亡。
哇!
哦!

淮軍節節敗退，未戰先敗，軍紀極差。
朝廷就想到起用湘軍，但湘軍已不是曾國藩時候的湘軍了。
湘
湖南巡撫自請募兵殺敵，軍隊達山海關外田莊台，進駐海城。
吳大徵
吾已勝卷在握！
他令士兵天天練兵學殺敵，自己則辦公會客，吟詩作畫、拓金石，自比為諸葛亮再世的一代儒將。
於是詔調兩江總督劉坤依為欽差大使進駐山海關，籌畫東征。
結果日軍隔著好遠一攻擊，前面部隊一潰退，
吳大徵卻在後方先跑了
輜重軍需棄了一地送給了日本人。
遼河以東全為日軍佔領。
接著威海衛被佔領
北洋艦隊封死在劉公島港內，被俘或被擊沉皆有。
丁汝昌、劉步蟾、林泰曾，北洋三巨頭都自殺
另有提督趙懷業縱兵搶劫庫銀。
嗚呼
被逮捕葉志超判斬監侯，魏汝貴則斬立決。
臨刑之前
魏以重金透過李蓮英向慈禧太后行賄，留得活口。
李蓮英
嗚呼，太后如貪官，大清焉能強盛

對日宣戰雖以大清國名義，但事實上清廷大權全操縱於一富老太太—慈禧太后之手，主戰主和僅其一人之意識而已。
九五至尊
慈禧太后
她雖然擅長宮廷奪權，內鬥陰狠詭計多端，但對外抗戰則縮頭畏尾、無知茫然，遂使大清國一再蒙羞。
海軍龐大經費被移用建頤和園，以致海軍無法添購新軍艦。
清廷建軍較早，都是大型艦隻，日本成軍較慢，所購艦隻較新較快，火力強、船速也快。
連奏請添購新砲、修鍋爐也無下文
手操清朝大權的慈禧太后見海陸皆敗，一心只想求和，並把責任推給別人。
大清朝眾王公大臣皆聽她使喚，每個人都被收拾得服服貼貼。
腐敗的清廷遇上作戰計畫確實又完整的日軍，
焉有不敗的道理。
自命堂堂大國天下皆夷狄的清朝，只好遣使赴日求和。
使
高姿態日軍

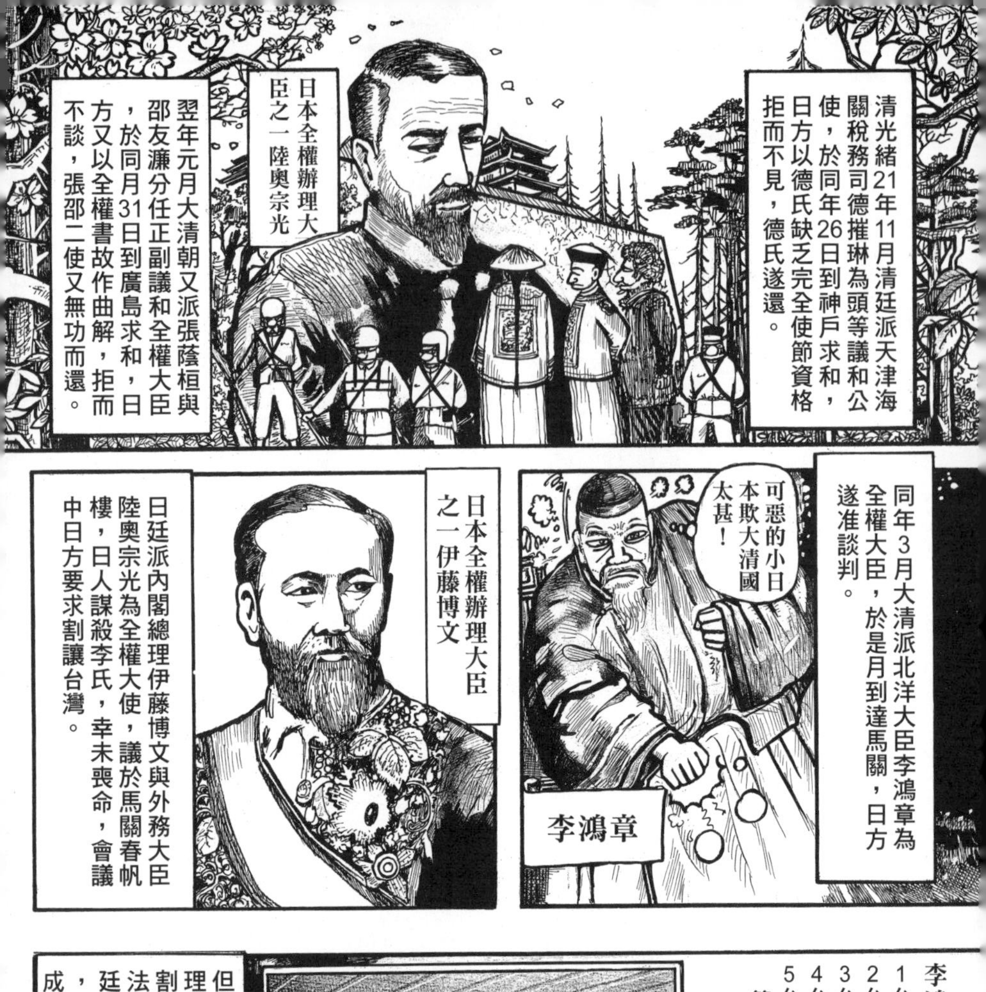
清光緒21年11月清廷派天津海關稅務司德摧琳為頭等議和公使，於同年26日到神戶求和，日方以德氏缺乏完全使節資格拒而不見，德氏遂還。
日本全權辦理大臣之一陸奧宗光
翌年元月大清朝又派張蔭桓與邵友濂分任正副議和全權大臣，於同月31日到廣島求和，日方又以全權書故作曲解，拒而不談，張邵二使又無功而還。
同年3月大清派北洋大臣李鴻章為全權大臣，於是月到達馬關，日方遂准談判。
可惡的小日本欺大清國太甚！
李鴻章
日本全權辦理大臣之一伊藤博文
日廷派內閣總理伊藤博文與外務大臣陸奧宗光為全權大使，議於馬關春帆樓，日人謀殺李氏，幸未喪命，會議中日方要求割讓台灣。
李鴻章則回以：
1台灣已立行省，不能送給他國。
2台灣全島日軍尚未侵犯，何故強讓。
3台灣不易取，全民強悍。
4台灣瘴氣甚大。
5台民誓不肯為日民
等語相爭。
和談當時，日本征清大總督彰仁親王所率領的艦隊，正從海峽穿越而過航向遼東，準備一舉攻下北京。
但均遭伊氏無理拒絕，強欲割讓，李氏無法只得請示朝廷，清廷許之，4月17日約成。
這給李鴻章產生極大的壓力。
馬關條約想像圖，日本畫家永地秀太繪

條約中第二條及其第二、第三項與第五條台灣割讓之約文，茲錄於左：
第二條：中國將管理下開地方之權，並將地方所有堡壘軍器工廠，即一切屬公物件，永遠讓與日本。
（二）台灣全島，及所有附屬各島嶼。
（三）澎湖列島，即英國格林尼次東經一百十九度起，至一百二十度止及北緯二十三度起至二十四度之間諸島嶼。
第五條：本約批准後，限兩年時間，日本准中國讓與地方人民，願遷居於外者，任變賣所有產業，退出界外，但限滿之後，尚未遷徙者，酌宜視為日本臣民。
歐美列強派記者隨入侵日軍前往台灣
美國記者
戴維森
美國屬地菲律賓緊鄰台灣，如今日軍勢強不知是否會伺機入侵菲律賓
總之，藉採訪軍事行動順便觀察。
又台灣一省應於本約批准互換後…
台灣地圖因類似蕃薯，所以台灣居民常自稱蕃薯仔。
兩國立即各派大員至台灣，限於本約批准互換後兩個月之內，交接清楚。
大清
日
馬關條約會議時，割台之說頻傳京城（北平）。
台灣舉人適會試於京城聞之大為震驚。
即刻上書督察院力爭，閩省京官亦聯奏，願捐銀贖台，清廷均置之不理。
中央
消息傳回台灣。
全台灣震驚莫名。

一八九五年日軍攻台時的台灣。
簡介當時居住此地各民族概況。
商人
農工
漁民
福建移民福佬語系
基隆、宜蘭、台北、桃園、台中、南投、嘉義、台南、高雄、屏東閩系甚多。
種田
採茶
客家語系
台北
基隆
桃園
新竹
宜蘭
台勇、廣勇不和常互鬥
廣
台
桃園、新竹、苗栗，廣東、廣西、福建移民，客語系居此三縣甚多。
阿美族領袖
黑旗軍二百多人
廣西人
全台灣台勇廣勇兵員約數萬人。
曹族婦人
台東、花蓮、宜蘭、台北、新竹、苗栗、中部及南至屏東，全台灣都有原住民部落。
閩南語系、客語系皆近數百年來由大陸遷居台灣，士農工商各安其業，閩系佔百分之七十人口、客系約百分之二十、原住民百分之十。

清朝統治台灣期間移民最多，並規定只有男人才能到台灣開墾。
直到清末才准大陸女性遷居台灣。
朱一貴
所以早期有許多人是偷渡來台。
反清復明
復明
台灣另有一特色，反抗清朝常常發生，所以有三年一小反五年一大反的戰事記錄
清朝為利於統治常搞省籍分化，挑撥離間。
誰是老大！
閩
客
誰是老大！
泉
漳
所以常有閩、客械鬥，即使不同姓也會因械鬥而兩敗俱傷
福建省之漳州、泉州、同安等現在台閩系也會為利互鬥，故都結黨自衛。
閩南族與原住民有摩擦…
誰是老大！
客族也要提防原住民出草。
出草砍頭！
台胞互鬥
各打五十大板，哈哈哈。
這樣清廷控制台灣可方便多了。
哈哈，探囊取物嘛。
現在日軍要面對的就是閩、客二族。
近衛師團

保衛鄉里
當時因為治安不良，居民常為了對抗土匪劫掠，所以必須聯莊共同培養武力。
達摩真傳
我武惟揚
閩語系全台各地鄉市習武者甚多。
少林真傳
各莊領袖出錢聘請大陸武師來台灣傳授功夫，並組成舞獅隊伍，練武兼娛樂。
舞獅武者北杆模獅（用篩米竹器所做）名金獅團。
金獅團
中南部則用紙糊的獅頭（黏土做模）名為青獅團
青獅團
客語系也同樣的聘請武師習武，和閩系相同的是白天種田或做工，晚上才習武。
強身強國
南拳北腿
北腿
石鎖
如此土法煉鋼的尚武精神，平日抗土匪，往後形成抗日的主力。
南少林北武當

此時清朝駐台巡撫唐景崧（廣西人）立即採取安撫措施，希望穩住忐忑不安的人心。並電奏清廷呼籲保台，然清廷以議和已定，無法挽回拒絕。
哼哼 哼哼
傷腦筋。
中國醒獅
台灣巡撫唐景崧
台灣不能給日本。
倭寇是東方野蠻民族！
台北士紳
勇
當甲午戰爭接近尾聲時，西元一八九五年三月下旬。
日本便強行登陸澎湖各島。
砰
轟
清
澎湖攻防戰
雙方各有死傷。
總兵周振邦逃回台灣，但被解送福建議處。
這是日軍攻台先兆
之前，清廷指示唐撫台加強激發官民抗日盡力保衛台灣。
電文
可是「馬關條約」的簽訂證實清廷摒棄台灣的事實。
台北城小南門
南門

此刻有些豪門巨室已迫不及待地逃往大陸。
而文武官員也有要眷屬先行離台者。
遷徙者行李塞之於途。
以致一些無賴化為土匪，四出劫掠
錢
許多官紳富室未離台灣已先喪生匪徒之手。
唐景崧又於4月16日電奏哀籲，清廷先置之不理，爾後於5月11日。
5月11日清廷總理大臣電覆唐景崧。
清廷遲來的諭文；嚴厲要求不得無理取鬧妨礙日本接收台灣的工作。
清廷也呼籲富商巨賈及大地主可自由返回大陸
而對勞苦大眾則置之不顧。

當唐景崧坐困愁城之際，
兵部主事丘逢甲和士紳數十名訪晤唐撫台。
因馬關條約而割讓台灣予日寇。
丘
為什麼不讓我們跟敵人一較長短。
我們願與台灣共存亡，不惜一戰。
平日一般士紳階級高人一等，
對於民眾居於領導地位
對官府享有特權，並與官府支配政治。
離開台灣將捨棄既有的利益，回大陸過清苦的生活。
台北富翁（阿舍）
士紳心聲
台灣不能發生巨變！
不能讓唐撫台離開台灣，
要唐撫台安頓人心。
共同來阻遏日軍接收台灣，
才能保障我們的利益地位。
另一方面，更要拉攏英、法、俄等國牽制日軍的入侵。
唐撫台意志不定，我們要改採強硬手段。
附和
哄
哄哄
哄
對對
對對

當年台北城位置圖簡介
新北市
淡水河
北城門
西城門，現在的西門町。
東城門
巡撫官衙
萬華區龍山寺
清軍駐地
現在的和平醫院
聽說台灣準備抗日，豈非以卵擊石!?
全城士紳抗日聲浪高漲之際，感到最緊張的則是負責戰鬥的台北城守軍。
南城門「麗正門」
高喊抗日的是他們，但賣命打仗的是我們。
殺鬼子！
殺小日本鬼！
殺日本番！
殺倭寇！
報數
練兵場調兵遣將。

早在甲午戰爭末期，士紳們曾向唐撫台約法三章…
在兵荒馬亂中，嚴禁全台官員攜帶眷屬離開。
禁止私帶公款及武器流出台灣。
大家要硬起來!!
吾雖身居撫台，但已名存實亡。
只好任由士紳擺佈。
吾本朝廷命官，必須忠於朝廷阻止抗日行動。
看來我自身就危機重重。
唉，真是身陷維谷，進退不得。
唉，太平盛世一條龍…
如今連一條蟲都不如。
諭文揭示第二天唐撫台最擔心的事發生了。
有人出錢鼓吹抗日
日本人要來了。
起來反抗日本人吧！
拿起武器和日本人一較長短！
打倒日本人。
士紳行動了。
ㄎㄤ ㄎㄤ!!
ㄎㄤ ㄎㄤ
汪！

此刻連撫台的親兵也…
變得蠻不講理。
唐撫台你不能不告而別啊！
你走了我們找誰發餉？
這些台灣的防衛軍，實為烏合之眾。
我們是甲午戰爭後，
被招募來的。
以前多半是土匪流氓之類…
來軍中是為混口飯吃。
他們只要拿著刀槍「殺」的一聲向前衝幾步，反覆比劃幾次，
就算完成了訓練。
殺!!
殺!!
殺!!
所以我們比較沒有軍紀觀念，哈哈！
哇
哈！因此就糊裡糊塗被送到幾千里外的台灣來了。
我只是混口飯吃的小兵。
軍官常虛報兵員冒領軍餉。
所以嘛，當兵目的是為錢。
唐撫台等於是我們的老闆。
他若出走，我們可無依無靠了。
會淪落異鄉啊。
清

那是唐撫台的八十高齡老母！
不能放她回大陸！
她是唯一被士紳允許離開台灣的親人。
已八十高齡。
搶！
清
當衛兵搬運行李時為清兵和民眾發現
不能自己逃啊！
可惡！
清兵民眾聯手襲衛兵
掠奪唐母行李。
找唐撫台理論去。
清兵攻向撫台官舍與阻止的衛兵衝突。
殺殺
砰砰
枉死三十多條人命。
打死你！

唐撫台的威權已名存實亡，
為了安撫軍心，不但沒有處置肇事者，更予以升遷。
自身忍受屈辱，坐困愁城。
台民本期盼列強干預，但列強只重視其本國利益。
怕日本從中國獲取太多利益，
德國
法國
英國
俄國
當各取其利之後，對日本的行為遂不加干涉。
絕望，恐懼的台灣人民。
喵!!
喵…
台灣大山貓石虎。
困獸之鬥何時起？
「馬關條約」訂立後六日，一八九五年五月在煙台正式完成換文。
清廷無條件放棄台灣。
列強各自取得利益後放棄過問台灣問題。
台灣人民不願淪落日人統治，必須另謀出路。

國號 永清

《台灣民主國成立》

台灣抗日政府成立

唐景崧檔案

文人出生，一八八四年與劉永福在越南對抗法軍，「頗為知兵」，立下軍功，後來被任命台灣兵備道，最後被擢昇為台灣巡撫。半年後即遭割台鉅變，想返大陸卻被民眾截留，想力拒民主國總統一職，但被迫不得不上任，登基之日心中沉痛放聲大哭。

雞
鯽
苦花
不願，人為刀俎，我為魚肉！
首先由苗栗銅鑼出身的舉人丘逢甲倡議成立新而獨立的國家。
台灣敢戰之士一呼百萬，又家有火器！
防衛軍也有四萬人。
願戰死也不願拱手讓台！
丘逢甲於新竹登壇誓眾抗日，士紳台民和之。
清
清
××××××××××。
……
嘩
嘩
演說一流
五月十五日，丘氏邀士紳與唐撫台祕議，
決定成立台灣民主國，建元永清。
唐景崧電詢台灣總兵劉永福，意願如何？
七星山
劉永福回以……
我要與台灣共存亡！
唉呀！連他也……
我真的無法撤回內地了。
唐景崧

駐防台南台灣總兵劉永福檔案
劉出身寒微，自小隨父母流浪，長大後果敢剛勇木訥。
土豪大地主勾結官府搜括民脂民膏
奴隸人民！淫人妻女！殺我子弟！
後來廣西工農群眾因不堪清帝國壓榨，群起造反，號稱太平天國
東王
西王
南王
太平天国
太平天国
貧弱對抗特權階級
劉永福投入太平天國，對抗清朝權貴頑劣份子及劣豪地主等惡棍。
殺殺！
哇
太平軍
殺惡棍劣豪天下太平！
由於出身貧窮，深知人間黑暗面以致上戰場特別勇猛。
除盡世間不義！
官逼民反！
有一段期間太平軍所向披靡，橫掃中國數省，劉永福是其中一員猛將
每戶只要有一名壯丁加入太平軍，
其家人就能分得田地，所以軍隊人數…
增加得很快，聲勢浩大。
不幸因太平軍內部不合，各王自相殘殺。
湘
增購洋鎗
接著曾國藩湘軍強盛，太平軍屢受圍剿。
湘
清
太平軍

征戰版圖擴大管理不善，封王太多等。
導致佈義天下人民軍，因不和而瓦解，真是天地同悲，之後劉永福變成太平軍殘黨，被清兵追擊，不得不和夥伴流走越南避難。
他在越南就地召集亡命之徒成立黑旗軍。
以黑旗軍與佔領越南法軍大戰，經常大敗法軍。
清廷立即招撫，將黑旗軍編入正規清軍。
劉永福實一傳奇人物。
雖然不識字，但天生兵法高手又富組織能力，太平軍時期身經百戰，勇猛異常。
太平軍時期劉永福。
流亡越南卻又能東山再起，組軍隊募糧草又敢與法軍作戰。
黑旗軍在越南之戰可說是中法之戰，可是第二年，
清廷卻與法國議和，並贈予極大利益。
在清廷的監督之下，
劉永福含淚放棄越南的優勢，返回大陸。

嶄露頭角，
建立了目前的地位。
然而，科舉出身的唐景崧，對出身寒微目不識丁的劉永福極為不屑。
哼！目不識丁，只會打戰的草包。
常有意無意奚落他。
從安南起就常針鋒相對，
偏偏冤家路窄又在台灣碰面
一八九四年七月清日戰爭一開打，清廷為加強台灣防務。
才命福建提督楊歧珍和劉永福帶部隊來台支援唐撫台的防務。
其實劉主力部隊只帶來一、二百人而已。
寸土必爭，誓退日寇！
劉
劉永福堅持與台灣共存亡。
使唐景崧無撤回內地的藉口。
以致，唐對劉恨的牙癢癢地。
終於要被趕鴨子上架了，
非留下來賣命不可

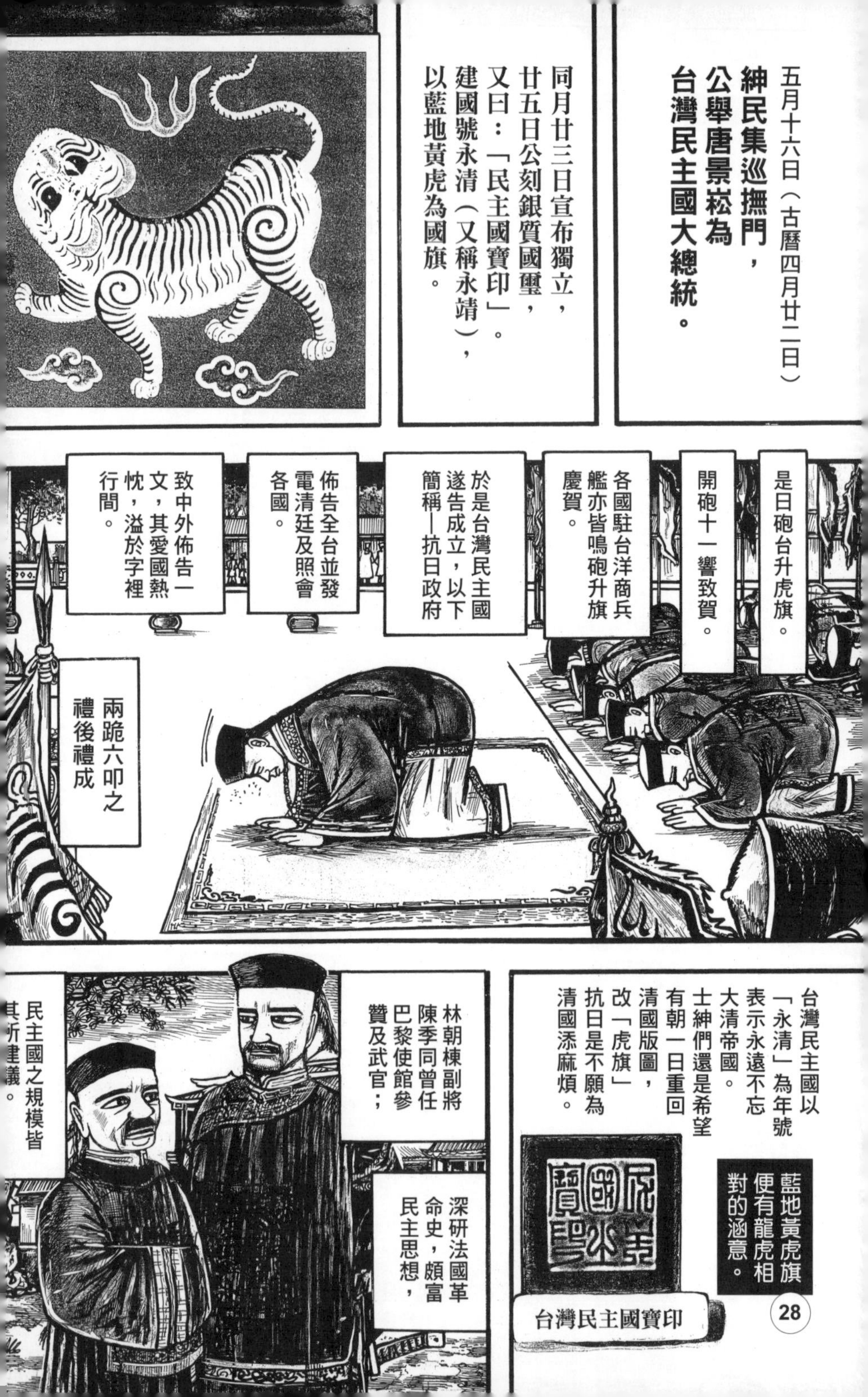
五月十六日（古曆四月廿二日）
紳民集巡撫門，公舉唐景崧為台灣民主國大總統。
同月廿三日宣布獨立，廿五日公刻銀質國璽，又曰：「民主國寶印」。建國號永清（又稱永靖），以藍地黃虎為國旗。
是日砲台升虎旗。
開砲十一響致賀。
各國駐台洋商兵艦亦皆鳴砲升旗慶賀。
於是台灣民主國遂告成立，以下簡稱—抗日政府
佈告全台並發電清廷及照會各國。
致中外佈告一文，其愛國熱忱，溢於字裡行間。
兩跪六叩之禮後禮成
台灣民主國以「永清」為年號表示永遠不忘大清帝國。士紳們還是希望有朝一日重回清國版圖，改「虎旗」抗日是不願為清國添麻煩。
藍地黃虎旗便有龍虎相對的涵意。
台灣民主國寶印
林朝棟副將陳季同曾任巴黎使館參贊及武官；
深研法國革命史，頗富民主思想，
民主國之規模皆其所建議。

唐景崧就任後命…
命駐台文武官員以同月廿七日為去就日期，去者自去，留者倍薪，
逾時求去者以軍法論罪。
於是全台灣納印求去者約一百五十人。
提督楊岐珍，總兵萬國本各率所部回廈門，
讓唐景崧頗為失望。
抗日政府重要人員
唐景崧為大總統
前全台總兵劉永福為民主國大將軍。
前兵部主事丘逢甲為義勇統領。
前刑部主事俞明震為內務大臣。
前副將陳季同為外務大臣
前禮部主事李秉瑞為軍務大臣。
台灣民主國雖告成立，但各國不予承認，所以，
局勢仍顯得搖搖欲墜。
幸得愛台官紳協助，表面上略感安定。

日本大本營
「馬關條約」締結後第二天，日本政府命海軍大將樺山資紀為台灣總督，日本京都陸軍大本營，立即為接收台灣作各種準備。
日本首相伊藤博文
哈哈哈！
大陸清軍都不堪一擊了，台灣清軍更微不足道哉。
劉永福轉駐兵力棉薄，台灣義勇軍更是一些烏合之眾也。
哈哈哈
李鴻章曾警告日本。
台灣曾三年一小亂五年一大亂不可小看。
台灣人民激憤之下正醞釀抗日決心。
所以日軍登陸必發生動亂。
五月十七日，大本營任命將來的台灣民政局長—水野遵率文武官員。
京都
日本
台湾
自京都搭乘「橫濱丸」朝台灣航行，踏出征台戰爭的第一步。
另一方面由—北白川宮能久親王率領的近衛師團，在甲午之戰後一直留在大連港。
戰爭結束，這些日軍頗感無聊難耐。
將領
日酋

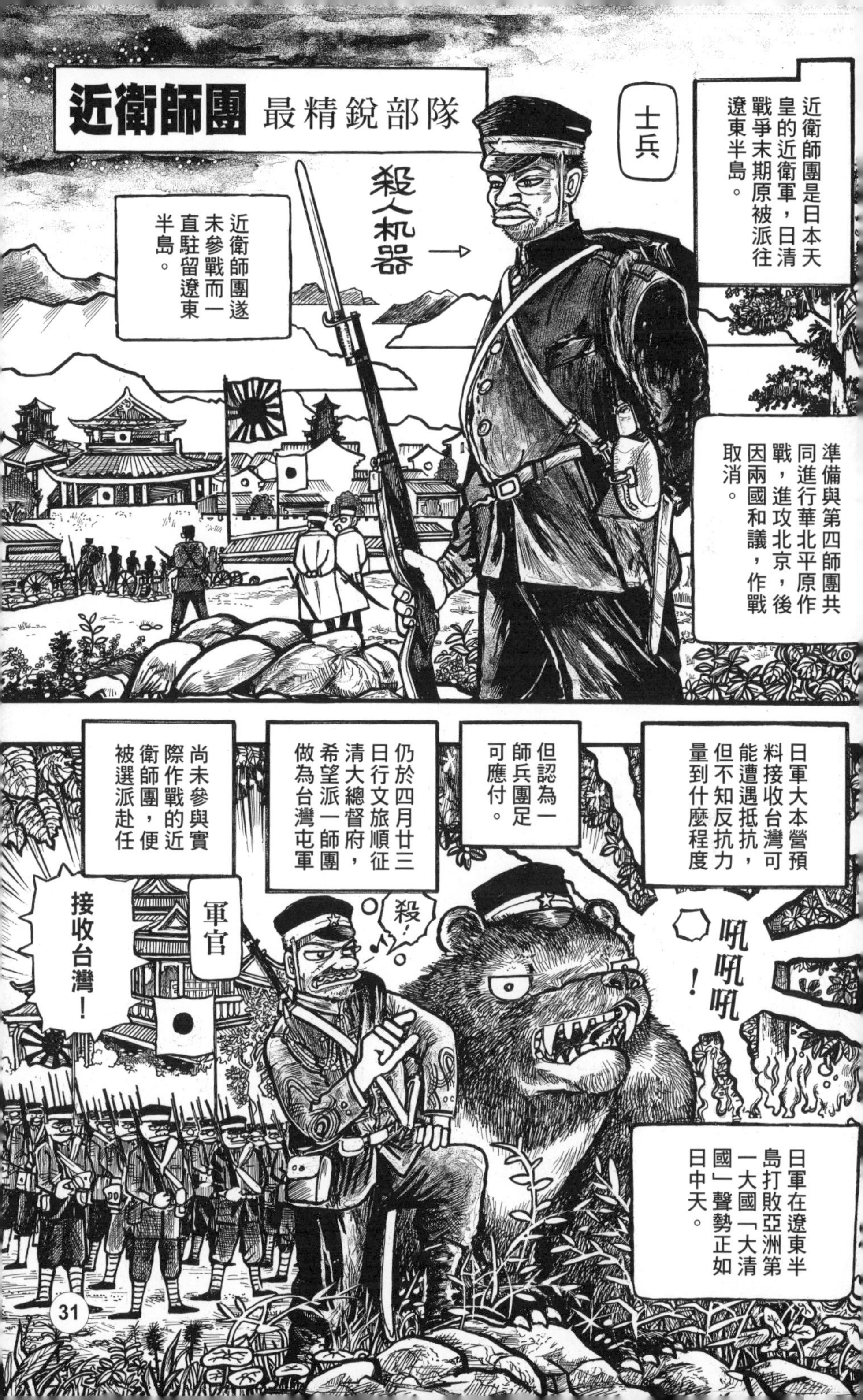
近衛師團 最精銳部隊
近衛師團是日本天皇的近衛軍，日清戰爭末期原被派往遼東半島。
士兵
殺人机器
準備與第四師團共同進行華北平原作戰，進攻北京，後因兩國和議，作戰取消。
近衛師團遂未參戰而一直駐留遼東半島。
日軍大本營預料接收台灣可能遭遇抵抗，但不知反抗力量到什麼程度
但認為一師兵團足可應付。
仍於四月廿三日行文旅順征清大總督府，希望派一師團做為台灣屯軍
尚未參與實際作戰的近衛師團，便被選派赴任
吼吼吼！
殺！
軍官
接收台灣！
日軍在遼東半島打敗亞洲第一大國「大清國」聲勢正如日中天。

能夠參與接收台灣，實令人感到興奮。
太高興了。
日本萬歲！
祖國萬歲！
近衛師團屯駐台灣，五月七日即已內定。
大清國都不堪一擊。
嗡
哈
哈哈
臭屁
對付台灣更是如探囊取物。
那可是戰利品啊，哈哈！
能久親王在接到樺山總督命令後，於五月廿一日…
率領第一批部隊，在旅順及大連上船，
浩浩蕩蕩經琉球中城灣而於五月廿五日抵達台灣。
五月廿四日首任台灣總督樺山資紀也率文武官員、憲兵等數百人搭橫濱丸自廣島出發前往台灣。
首批部隊共搭十六艘運輸船赴台。
得到台灣，日本人快樂的不得了。
又樂系！
旅順
大連
宇品港
下關
東京
中城灣
澳底
近衛師團出征路線略圖
暴雨欲來，風滿樓，殘葉枯枝，泣祖國。
台灣
勇

台灣VS超強照打不誤
富士山
玉山
那個年代全台各地資訊封閉。
台灣人民可說是矇著眼睛和日軍戰鬥。
除了官府士紳，一般台灣人民對日本軍隊毫無概念。
清廷獲知台灣獨立欲對日本抗戰。
事情大條了!!
清廷唯恐馬關條約橫生枝節，再度與日本交戰。
快快命令台灣官員返回大陸！
快命令台灣官員澄清清廷與台灣關係已切斷。
叫唐撫台及官兵不可插手抗日戰爭！
清廷利用台灣民主國宣佈當天，趁機致電日本。
如今台灣內部不穩定，請日本暫緩接收。
發言人
主宰台灣的權利，已在馬關條約中明確記載，現在已沒有重議的必要
日本回電至為堅決
清國只要將台灣的統治權及公物交予我國即可。
日軍大本營。

五月廿五日
清廷正式下令
快快解除唐景崧職務。
全體官員速返大陸
溜
並禁止武器留在台灣，
以免惹怒日本。
血壓上升
急死人
於是，除了下級士兵外，官員們紛紛解甲返回大陸。
趕快打包回大陸。
快快！
媽的！喊抗日你最大聲，
日軍未到你就想溜了。
不能返回大陸的清兵和民眾結合，趁機幹起綠林勾當。
平日搞貪污享受榮華富貴，留下我們為國賣命。
錢留下來後滾蛋！
向要返回大陸的官員勒索，稱之為「饒恕錢」
殺
道路不通，
傳統武器
此時台灣島內，清兵殘留三萬五千人，加上義勇軍，總數約十萬人。
義勇軍是各地單獨組織的人民兵團，缺乏訓練和精良武器，但民族觀念堅定。
義
舊清兵台勇。
死忠派三峽義勇軍要角之一，蘇俊。
國旗飛揚
台灣民主國國旗

日軍五月廿九日之前在淡水基隆一帶尋找登陸地點。
在淡水偵查遭到三度射擊，認為登陸恐有危險
五月廿九日晨松島、浪速兩艦經過基隆，決定在三貂角北側的小港灣（澳底）登陸。
黷武主義的日本軍國主義欺辱我清朝…
強迫割讓台灣，假如我們接受如此擺佈，我們的家鄉、土地便為日寇所有。
五月廿五日為獨立日，五月廿日頒布此文詔告民眾。
唐景崧昭告文
望我全體住民共同反對異族統治…
真是一字一血淚。
登陸日軍裝備龐大，軍火等不計其數，是當代最強軍事國家之一。六年後又打敗俄國，可知它軍事如何現代化。
鹽寮沙灘旁邊是澳底，附近地廣水深浪平。
能久親王露營地上的木標，後來於一八九六年四月改為這座「北白宮征討紀念碑」。據說碑頂上圓錐物是清軍砲彈彈殼塑成。碑文「三貂嶺我軍初上陸，置師團司令部之地，今乃建石此地以告後世」。

澳底登陸紀念碑—今之貢寮鄉

日軍佔領台灣後，在鹽寮設置登陸紀念碑。

地點在新北市貢寮鄉公路旁，現已改為抗日紀念碑。

抗日紀念碑

日軍登陸地點澳底鹽寮廣大海灘。

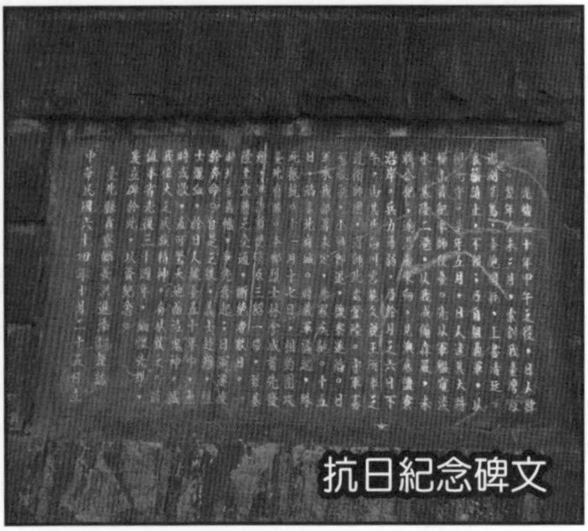

抗日紀念碑文

碑前政府設抗日紀念館，欲進入參觀，需購票才能入內。台一張門票幣六十元，紀念館古色古香甚是美觀，值得國內外人士前往參觀。

日軍從鹽寮到小粗坑、九份，沿途遭遇清軍頑強抵抗，清軍退守瑞芳，日軍經九份街前小路入侵瑞芳。

九份觀光街，當年從此街經過再左轉向瑞芳進攻。

台灣東北部海岸只有鹽寮福隆一帶有沙灘，其他海岸都是礁岩密佈，圖為礁岩景色值得參觀。

礁岩在海底數百億年，於二百萬年前逐漸浮出海面，美麗壯觀。

日方持最先進武器。
民主國軍（舊清軍與義勇軍）與日軍首次接觸，地點：澳底一帶。
村田式槍
五月廿九日下午三時
裝水
竹竿
台方十人中只有一、二人有舊式槍，其他武器五花八門。
澳底只是一個偏遠漁村，綿延的沙灘易於登陸。
海上好多船啊。
誰來了？
是商船嗎？
而且不像基隆和淡水有砲壘和兵員，曾有漁民想上船和日軍談生意呢。
因語言不通而返。
近衛師團船隊接近澳底，
先派小艇觀察後準備登岸。
當天下了一陣雨。
好興奮！
到台灣了，哈哈哈。
日艦廿九日聚集間關島附近，再遣艦佯攻金包里。
又令登陸掩護隊汽艇十餘艘入三貂灣海面。
偵查誘敵。

介紹
是役，日本海軍大將東鄉平八郎不時在台灣近海負責艱鉅的偵查任務。
他於廿五日率領「浪速」、「高千穗」兩艦，不時向由台灣出海的外國船隻打聽消息。獲得台灣已成立民主國政府欲對抗日本接收的訊息，遂電日軍提高警覺。
五月廿九日下午二時起，日軍第一批從三角貂北側港灣登陸。（位台北縣貢寮鄉內）附近守軍（民主國軍）約四百人…
良速艦與高千穗艦屬同型姊妹艦，火力強速度快。
所以東鄉平八郎率此二艦到台灣北部偵查上岸地點。
裝備並不齊全，對日軍兵力又毫無認識，只是持著守土熱忱來對抗最現代化軍隊。
日軍先頭部隊六十餘人由虎仔山挖仔庄砂坡登岸。
又強徵漁船四艘，令鄉民魏連等十數人，由挖仔庄駛往舊社之間，舊社烏石頂上台勇見之…
生平第一次見到日本船艦。
好多！
登陸了。
民主國兵員台勇
好多的大軍艦。
義勇軍兵員許明，廿五歲。
常備艦隊浩大的陣容早已被澳底民主國軍發現
蕃仔來了。

近衛師團搭十艘運輸船，在常備艦隊的護送下，陸續登陸台灣。
哈哈…日本新領土。
日本萬歲！
真令人愉快。
日本萬歲！
是時旗艦司令長官為高壯之亟，登陸掩護官為川村少將。
須永少佐為前衛司令，奉命率隊上陸。
此刻民主國抗日軍已聚集埋伏，雖然人數不多但仍伺機攻擊。
來了。
本人率軍打第一仗。
伏擊！
台勇
義勇軍
指揮官曾喜照
簡介此役
地點：舊社烏石頂零星戰至頂雙溪，台方不敵，從五月廿九日下午二時廿四分戰至該夜，民主國軍避入叢林且戰且走。
砰
砰
民主國軍隊火器短缺，十人只有二人有槍，而且是毛瑟槍。
因常用來打山豬故民間戲稱為豬哥槍，分單發連發兩種。
另外還有其它不同槍枝。
砰
有埋伏！

日軍勢大武器新，訓練精良勝負立判。
砰
砰
砰
砰
砰
！
砰
日軍攻上烏石頂，並控制附近山區。
這仗怎麼打？
許明無槍，靠刀械難以近身殺敵。
無法近身啊！
先溜。
看不到敵人就死了。
民主國軍不支，一哄而散。
撤退。
砰
砰
對方火力太強了。
朝瑞芳撤退。
澳底與鹽寮仔山之台民與駐軍一戰即潰，日軍傷亡不詳。
小戰役，台方當場戰死四人，傷不詳。
許明以為拿刀抗敵即可，幸好功夫底子好，能逃離戰場
呼
呼
台灣民主國軍隊以後簡稱義軍或抗日軍。
日軍繼續登陸，並搜集所有鹽寮村門板、木板，並打破漁船，作架橋材料。
誤打？
並打死一名牧牛鄉民趙曾。
砰
砰
枉死？

日軍前鋒於鹽寮海邊石礁上架設簡橋，大隊人馬轉由鹽寮上陸。
是夜日軍前鋒追擊義軍至頂雙溪，義軍不敵而潰。
砰
砰
!!
砰
砰
砰
砰
砰

日軍準備佔領澳底、雙溪建立灘頭堡，等所有近衛師團上岸，再進攻基隆、台北府。

日酋照片

五月三十一日，魔酋能久親王率軍登陸澳底，在海岸邊休息。

簡介日軍

◎近衛師團團長北白川宮能久親王。

◎前衛司令官第一聯隊長小島大佐。

◎步兵第一聯隊第二大隊工兵一小隊。

◎右側支隊司令官，第二聯隊第二大隊長須永少佐等。

日軍兵馬裝備繁多，容後敘述。

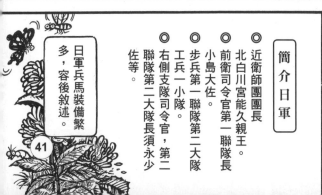

侵台日軍最高指揮部為台灣總督府。
陸軍主力近衛師團
哈哈，台灣！
混成枝隊輔之。
步兵用槍皆村田式連發槍。
騎兵用村田式騎槍。
日軍於澳底鹽寮沙灘登陸紮營想像圖。
補給兵攜司比瑟單發槍。步兵彈70發，騎兵工兵彈30發，補給兵15發。砲兵備有一山砲、野戰砲、機關砲。被服為夏季用品並有避暑帽及雨衣、作戰口糧。
且說日軍先鋒一路追擊深入山區，見一新建營區，但已廢棄。
此營區守軍總指揮曾喜照已敗退。
三貂嶺義軍尚有徐邦道一營，欲出戰，但…
待我軍伏於高地予日寇迎頭痛擊。
此時曾喜照潰兵至。
不行、不行，日軍勢眾武器精良，吾等難以對敵。

29日之潰兵遁入密林，有的傷重身亡，有的迷路，誤入佈滿蟲蛇之路，非死即傷。
許明運好找到徐邦道營。
翌30日，日軍主力部隊由澳底出發。
開始爬山了。
哈…
呼…
並以二大隊兵力由頂雙溪向三貂嶺推進。
前鋒偵查隊
三貂嶺後都是崇山峻嶺和毒蛇。
呼！
懂台語的日軍間諜
呼，進入叢林好熱呀。
受曾喜照潰兵影響，徐邦道一營兵無鬥志。
徐
徐
我們先溜。
偷溜保命！
僅餘五十多名勇士留下應戰
不怕死的就留下來。
瞧瞧日寇有何可怕？
忠
曾喜照營太高估日寇了。

30日14時40分，義軍由三貂嶺下東北高地出擊。
許明這次有槍了。
二度出擊。
日軍先以一小隊衝鋒誘敵。
接著，大隊以鶴翼形戰術圍攻。
上面！
接戰數刻，義軍三面受敵，日軍兵員又越來越多。
砰
砰
砰
砰
砰
砰
砰
砰
義軍五十餘人努力射擊但寡不敵眾，
至15時5分終告不敵退往九份。
草高過人，所以只發現義軍遺屍一具。
確實傷亡不止此數。
日軍死傷不詳
接著日軍繼續前進

澳底、頂雙溪通往基隆的地形凹凸不平，
惡劣的路況盡是羊腸小道，且到處是蟲蛇。
連馬匹也要牽著走。
日軍只好全用人力運輸。
零件
砲管
當地居民帶路
三貂嶺上游水淺流急，
水路運輸也行不通。
台灣溼熱的氣候更使日軍渾身難受。
懸崖峭壁之下的羊腸小道易於以一夫當關伏擊敵人，可惜義軍不會善加利用。
抗戰至目前，台灣義軍尚無戰略戰術可言。
日軍逐漸抵達小粗坑、九份，往下走就是瑞芳。

台北、基隆市內（29日）
倭寇登陸澳底了！
快到基隆了。
快派兵迎擊。
建議抗日的士紳喊殺敵的聲音特別大。
卻都躲在家裡享福，逃的時候也跑得比別人快。
倭寇一來要剪掉男人的髮辮。
更會解開女人的纏腳。
營官胡連勝、陳國柱、陳柱波、包幹臣，
你等快率部隊支援。
四位營官率數百人乘火車往小粗坑支援。
嘟
嘟
嘟
基隆義軍吳國華也率部隊趕來。
悍將吳國華
舊旗
清
吳
小粗坑住民僅二、三戶，產金礦。
小粗坑之役

陽台位於小粗坑，陽台下有條小路往東通往九份。
小粗坑為通往九份、瑞芳要道地勢險要。
許明又遇上吳國華部隊。
吳
自己人？
後面有倭兵。
一小隊而已。
倭寇來了。
可伏擊。
日軍以兩小隊分二組向瑞芳方向搜索。
哈呼！
好熱。
呼呼！
哈呼！
31日15時15分日軍小隊與吳國華部隊遭遇於小粗坑。
進入射擊範圍了。
雷明頓槍

砰
啊！
砰
別放過機會！
砰
吳國華部隊猛烈射擊。
砰
砰
日軍人少不支，自石岩頂急退。
砰
撤退！
敵軍人數太多。
砰
快撤退！
不知倭寇有多少人？退得好快。
砰
砰
砰
砰
吳
日軍小隊迅速脫離戰場。
打勝仗了。
第一次……
許明

吳國華。
追
追殺！
日軍少尉
跑好遠了！
吳國華部隊神勇窮追不捨，山路難行難竟全功
鄉民圍觀歡呼。
砰
砰
砰
此時包幹臣也率部隊抵達小粗坑。
團勇沈萬田
民義
吳國華部隊正在追擊日軍。
前面有一日軍屍體。
喔！
帶屍體回台北邀功
我看到的你怎麼可以搶功。
國華追擊日軍至嶺頭，遇雨欲搭棚宿營。
哦
可惡！
包幹臣搶日軍屍體，意圖搶功。

可惡！
搶我們的功勞。
快下山搶屍。
可惡的包幹臣！
吳國華回來搶屍體了。
咱快溜回台北邀功。
日軍屍體藏於竹器內，包幹臣拔隊回台北。
吳國華找不到屍體後大怒，也率隊回基隆。
可惡！
我軍敗類！
這仗不打了。
包幹臣以大捷報告景崧。
哈哈哈！
日軍大敗屍橫遍野……
記大功一件。
我僅取一具回來。
於是台北官紳爭先慶賀。
我軍大勝。
倭寇不足懼！
包幹臣真神勇，大敗倭寇。

為保持特權的台北士紳，台灣民主國的成立和抗日，士紳出力最多。
所以日軍戰勝，他們最為歡欣鼓舞。
哈！
哈哈！
倭寇不堪一擊
應該慶祝。
一般貧寒百姓倒不怎麼關心。
三餐都顧不好了還要抗日，唉！
6月1日唐景崧令吳國華從大路主攻三貂嶺。楊連珍由小路協攻（游擊）。
楊連珍
又令李文忠（分統）沿海邊小道截敵後路，可惜因不明敵情，佈局欠佳難以發揮戰果。
李文忠
吳國華
此刻，唐景崧日夜為前途煩惱。
一日6時由基隆出發，本日奉調增援瑞芳周邊戰場兵員約五千人之眾。
瑞芳山脈

樺山資紀 致大本營電文言：卑職決定改由澳底登陸，然後立即取道攻略基隆，預料將會一路順利攻取台北將如探囊取物。
必可擊潰所謂的台灣民主國政府。
未來的歲月必不使上司掛慮。
前—5月27日，樺山在征台船艦「橫濱丸」甲板上向全軍訓話：
我軍在征台戰爭中，若遇反抗應立即還擊，不得寬貸。
但對於順民，則應維護其安全。
務必達成接收台灣的目的。
言猶在耳，戰事一觸即發。
想和平接收台灣恐難達成。
砰
砰
砰

許明來到瑞芳，當地義軍對日軍很好奇。
倭寇長什麼樣子？
就快到了，
瑞芳是基隆門戶，不得有失
有多少兵馬？
多得數不清，軍艦大砲什麼都有。
日軍同時兵分三路朝瑞芳前進，瑞芳四面環山，易攻難守。
抗日義軍沿舊清軍陋習，一營應五百人，但實際上只有三百人而已。
瑞芳大會戰
日軍浩浩蕩蕩，兵員眾多。
呼~
好累！
熱
瑞芳前哨—九份
瑞芳守軍一營，實際只有三百人。
倭賊快到了！
許明等義民當前哨尖兵。
注意前面的敵人。
援軍就要到了，忙得鬍子也沒刮。
這幾天瘦了一大圈。

六月一日四時，日軍大隊軍馬進佔三貂嶺。
八時三十分，
分三路向基隆推進。
三路日軍共萬餘人馬緩慢前進。
阪井大佐
前田少佐
率一大隊由本道向瑞芳方向入侵。
須永少佐率兩中隊由小路攻向碑仔頭。
砰
砰
砰
另以一中隊沿海岸向撥死猴攻擊。
日軍攻向瑞芳的途徑，都非常險峻，
只要善以利用，都極難攻下
可惜義軍沒有扼守

三貂嶺（閩語諧音）本為西班牙語「登岸的地方」，後人以其音寫成華語三貂嶺。
三貂嶺高約七百公尺，坡長約四千公尺，是一夫當關萬夫莫敵的險地
日軍被險阻的山區耽誤行程。
一路上都是懸崖峭壁、峽谷，軍隊行進非常困難，只好以人力代替軍馬搬運大砲，步步艱難，但也逐漸逼近九份。
截戰魔軍
台民不懼
許明等義民倉卒助戰，武器缺乏。
接收陣亡者槍械。
目前尚是烏合之眾。
吃飯靠軍隊。
連日下雨日軍因路險，每人只能自備數日口糧。
中午十三時日軍二個中隊率先進逼九份。
報告，倭賊大批人馬到了。
陶廷梁營。
放眼望去都是倭寇。
命令全營伏竹林攻擊。
陶廷梁
勇者之

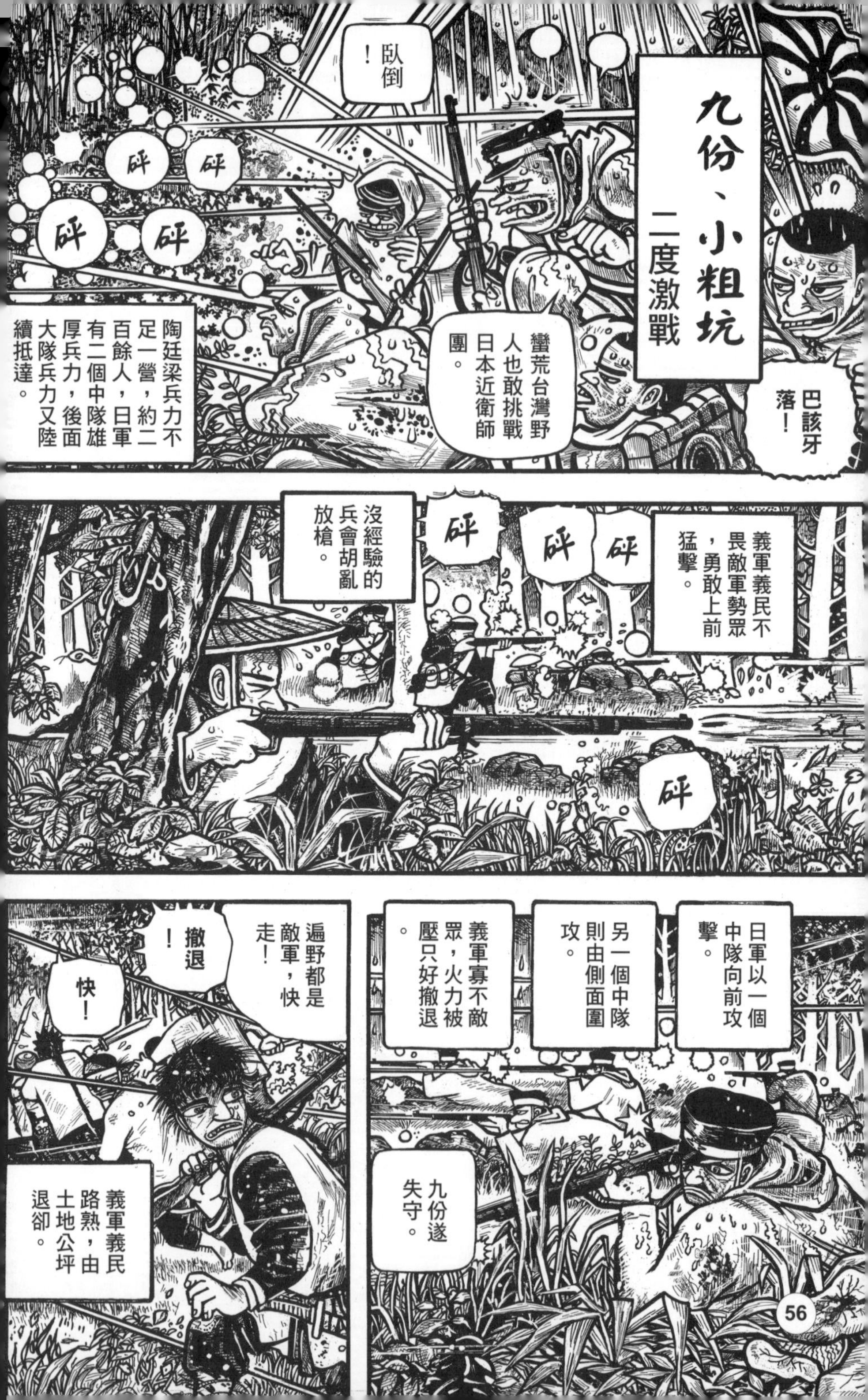
九份、小粗坑
二度激戰
巴該牙落！
臥倒！
砰
砰
砰
砰
蠻荒台灣野人也敢挑戰日本近衛師團。
陶廷梁兵力不足一營，約二百餘人，日軍有二個中隊雄厚兵力，後面大隊兵力又陸續抵達。
義軍義民不畏敵軍勢眾，勇敢上前猛擊。
砰
砰
砰
沒經驗的兵會胡亂放槍。
砰
日軍以一個中隊向前攻擊。
另一個中隊則由側面圍攻。
義軍寡不敵眾，火力被壓只好撤退。
九份遂失守。
遍野都是敵軍，快走！
撤退！
快！
義軍義民路熟，由土地公坪退卻。

本來要往三貂嶺，此時卻出現的吳國華營於金沙局。
十七時日軍兩小隊進逼瑞芳前面的金沙局，遇上吳國華部隊。
倭賊來啦？
迎戰！
吳國華營要和倭寇作戰，我們去幫忙。
許明等義民，最近也學了不少作戰經驗。
吳國華率軍出金沙局與日軍交戰，因地形不利，無法獲勝。
轟
轟
劉燕在瑞芳東北土山砲台見狀，命砲隊轟擊日軍。
砰
砰
砰
砰
砰

雖然並非很準確，但也造成日軍威脅。
隆
打死日本鬼！
劉燕
已探知敵人主力在此，先撤退吧。
退！
日軍兩小隊知不敵迅速脫離戰場。
吳國華亦不追擊，靜觀其變。
鬼子逃掉了，在此待大軍支援再戰。
瑞芳原駐軍約三百人，援軍正陸續抵達。
入夜，瑞芳又下起了大雨。
這個年代基隆、瑞芳一帶一年少有幾個晴天。
下大雨了。
怎麼辦？
在此紮營太危險，
睡覺不舒服又危險。
回基隆較安全。

是夜，吳國華竟拔隊回基隆。
這就是舊清軍各據一營各自為戰的惡習。
吳
步調無法協調，以致喪失整體戰鬥能力。
六月二日早上七時五十分。
日軍所有兵員分數路向瑞芳進攻，義軍全員備戰。
前田少佐率一大隊直撲瑞芳溪附近。
守軍和義民立刻激烈回擊。
這是日軍登陸以來最激烈的戰役。
須永少佐率一中隊攻向瑞芳東北土山砲台陣地。
轟
轟
砰
砰
砰
砰
清
日軍大隊被險阻的山區耽誤行程，前鋒雖然先到瑞芳郊外，仍靜待大隊抵達，再一舉攻向瑞芳市區。
日軍並從金瓜石山上砲轟瑞芳砲台。
殺！
殺
不准退！

中日簽約簡介
6月1日下午4時，日軍遙見海上駛來一艘汽船，
掛著德國國旗。
這是清廷代表李經芳的座船，於樺山附近投錨。
李經芳，李鴻章之子
6月2日
波
波
呼
呼
李氏怕在台灣陸地交接會被台民所害。
求樺山在船中舉行交接儀式。
台灣紳民曾在上海報紙痛斥李鴻章，措辭激烈：「無論其本身及子孫，我台民族出一丁，各懷手槍一柄，快刀一柄，登時悉數殲滅…」
波
波
樺山允諾，遂於是日十六時立約，草率交割。
台灣從今天起落入異族五十年的統治。
翌日（六月三日凌晨零時三十分）李經芳向上海返航。
清朝和台灣關係到此告一段落。

且說正在瑞芳激戰的義軍與義民勇士…
砰
砰
殺
轟
戰場由瑞芳巷戰擴展到附近村落。
二小時後瑞芳砲台被毀。
轟
轟
日軍火力強大槍砲齊鳴，義軍火力被壓下來。
喝
此時張兆連營冒雨自基隆趕到，便遇上日軍。
通判孫道義也率軍抵達
場面混亂，有的才趕到，有的正在退卻，彼此聯絡訊息頻頻失誤。
錯誤消息使某些義軍未戰先退。
咻
哇
喝
砰
內務大臣俞明震也到此督戰，槍殺數名後退兵勇。
退後者，殺！
義軍退入村落再戰，日軍勢大不斷進攻。
砰
砰
波
日軍攻山劉燕砲隊被逼往西北高地轉進。
砰
轟
砰
砰
前進！殺啊！

戰至夜晚日軍發射照明彈，義軍以為是殺人機器驚慌奔逃。
撤退義軍與支援義軍撞成一團，場面頓時失控，在日軍追逼之下許多義軍沿基隆河小路慌忙撤退。
逐村戰時有許多居民躲著觀戰，以後才有以上描述。
哇
基隆駐防提督張兆連負責此役指揮，已戰至受傷又被日軍包圍。
咻
砰
殺鬼子！
親兵死亡殆盡。
俞明震下令「救回張提督者，賞銀三千兩」重賞，要士兵冒險前往搭救。
轟
陳德勝率八十人，曾喜照率三十人涉溪冒死入救，方免被擄。
砰
砰
砰
陳德勝卻因而戰死，喜照也受傷，退往煉仔寮。

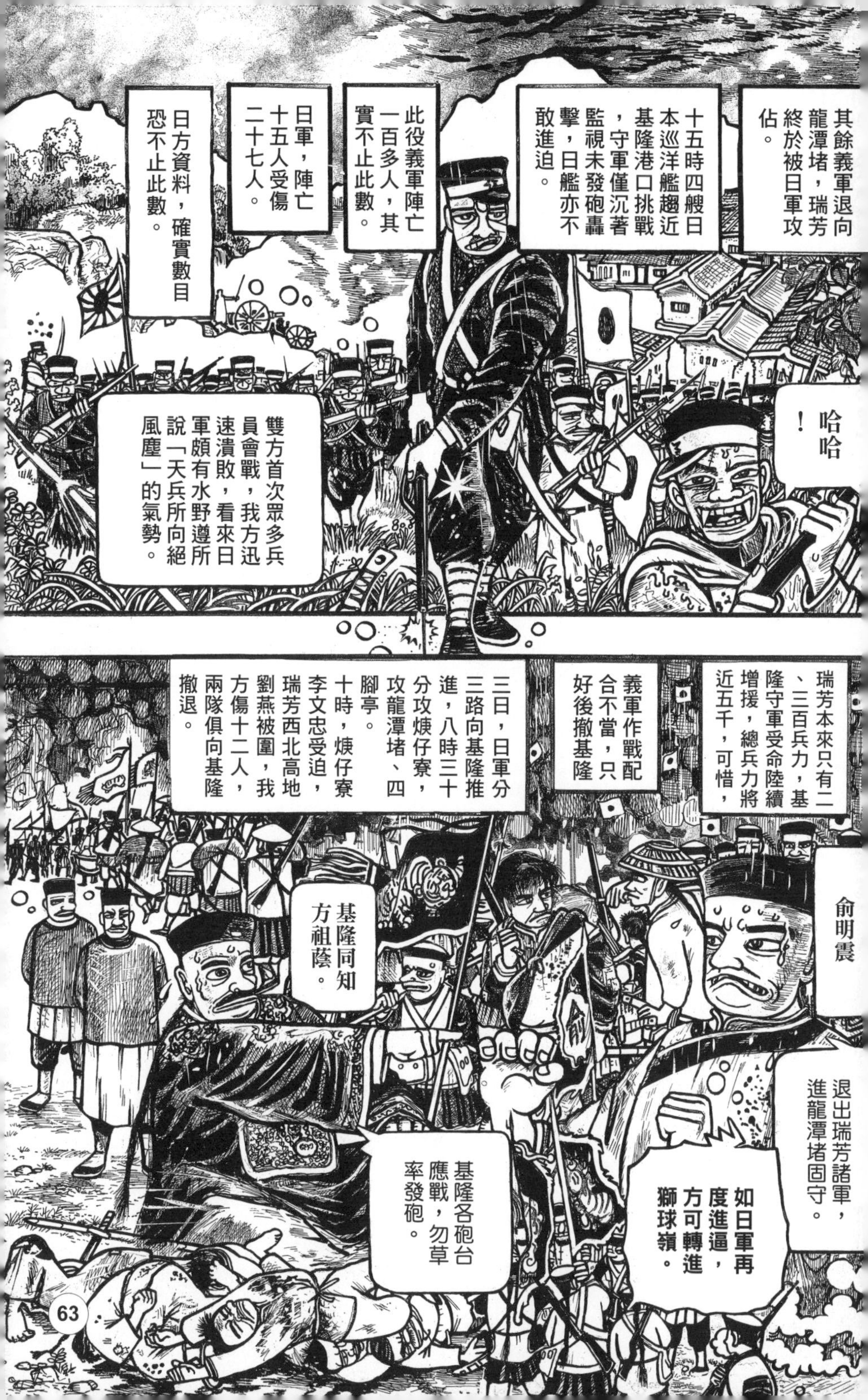
其餘義軍退向龍潭堵，瑞芳終於被日軍攻佔。
十五時四艘日本巡洋艦趨近基隆港口挑戰，守軍僅沉著監視未發砲轟擊，日艦亦不敢進迫。
此役義軍陣亡一百多人，其實不止此數。
日軍，陣亡十五人受傷二十七人。
日方資料，確實數目恐不止此數。
哈哈！
雙方首次眾多兵員會戰，我方迅速潰敗，看來日軍頗有水野遵所說「天兵所向絕風塵」的氣勢。
瑞芳本來只有二、三百兵力，基隆守軍受命陸續增援，總兵力將近五千，可惜，
義軍作戰配合不當，只好後撤基隆
三日，日軍分三路向基隆推進，八時三十分攻焿仔寮，攻龍潭堵、四腳亭。
十時，焿仔寮李文忠受迫，瑞芳西北高地劉燕被圍，我方傷十二人，兩隊俱向基隆撤退。
俞明震
基隆同知方祖蔭。
退出瑞芳諸軍，進龍潭堵固守。
如日軍再度進逼，方可轉進獅球嶺。
基隆各砲台應戰，勿草率發砲。

瑞 芳 車 站
台方抗日軍此役英勇抗戰，抗日軍各部死傷慘重。
瑞芳火車站

酥餅舖
三洋家電
詠安診所
小火鍋
瑞芳古戰場，台日在台灣的第一場大戰。（雙方各以數千兵力投入此戰役）
目前瑞芳街道

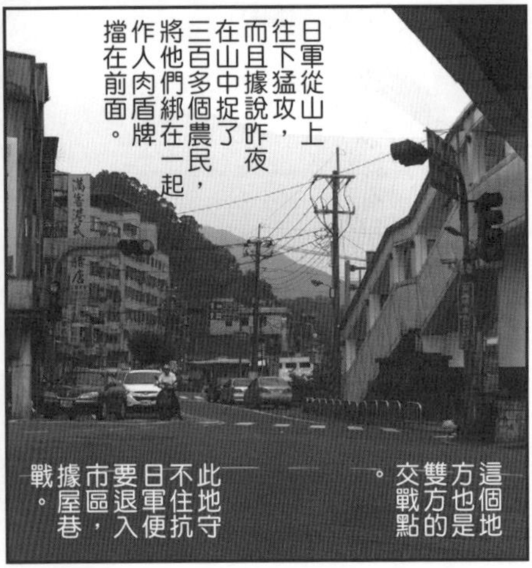
日軍從山上往下猛攻，而且據說昨夜在山中捉了三百多個農民，將他們綁在一起作人肉盾牌擋在前面。
這個地方也是雙方的交戰點。
此地守不住抗日軍便要退入市區，據屋巷戰。

日軍經過小粗坑進入九份街，當年只是條森林中的小徑。
陽台位置就是→
小粗坑

現在的瑞芳溪有座大橋，從九份下山經過大橋就是市區。

瑞芳市區旁有條大溪，抗日軍與日軍在溪中激戰後沿溪撤退，轉進基隆市。

今生今世第一次殺人！

血戰獅球嶺

基隆 義軍三千戰日軍七千!!

基隆為一凹型腹地，三面環山一面向海，是台灣最佳港灣。
它為台北之門戶，地勢險要、砲台林立，正面攻取極為不易。
6月2日義軍、難民一批批退到基隆，基隆市區人心惶
居民乘各式各樣交通工具往鄉下避難。
唉
到鄉下姑姑家玩。
別唱了！
天真幼童以為出遊，尚嘻笑、唱歌，大人則愁眉苦臉。
哈哈哈。
有的百姓則祈神拜佛求平安。
菩薩保佑、佛祖保佑。
王爺公、媽祖婆保佑、三太子爺保佑。
敗軍在基隆市街互相吵鬧，殺軍官、搶百姓，橫行無忌。
武器彈藥旗幟散落一地。
哈
殺

擄掠姦殺，難民敗兵爭相搭火車，逃往台北。
好像世界末日的樣子。
砰
砰
砰
砰
砰
砰
日本軍隊就要來了，獅球嶺尚有守軍備戰。
日寇將會入侵基隆，我們前往獅球嶺幫助國軍。
有許多不怕死的都往獅球嶺去了。
獅球嶺是基隆西北角一處丘陵地。
戰略地位非常重要
劉銘傳曾在此架設國人製造的砲台，大敗法國海軍。
基隆守軍約三千兵員，枕戈備戰之外更期待台北的援軍趕快抵達
有些潰兵在山上努力備戰，另也有潰兵在街上擄掠。
呀!
救命
哇!!
嘻
行徑真是天壤之別
哈!
救命!!
強姦呀

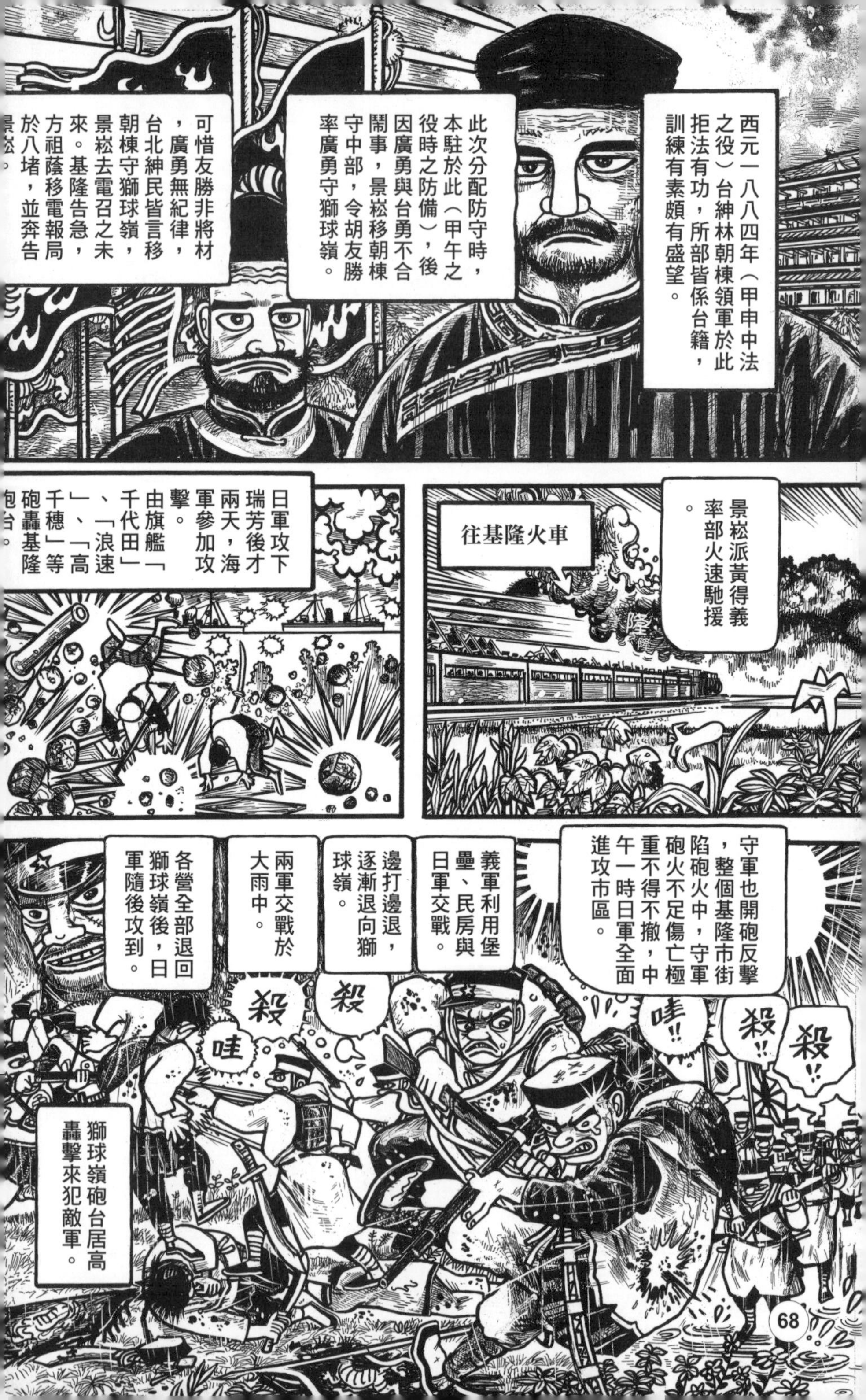
西元一八八四年（甲申中法之役）台紳林朝棟領軍於此拒法有功，所部皆係台籍，訓練有素頗有盛望。
此次分配防守時，本駐於此（甲午之役時之防備），後因廣勇與台勇不合鬧事，景崧移朝棟守中部，令胡友勝率廣勇守獅球嶺。
可惜友勝非將材，廣勇無紀律，台北紳民皆言移朝棟守獅球嶺，景崧去電召之未來。基隆告急，方祖蔭移電報局於八堵，並奔告景崧。
景崧派黃得義率部火速馳援。
往基隆火車
日軍攻下瑞芳後才兩天，海軍參加攻擊。由旗艦「千代田」、「浪速」、「高千穗」等砲轟基隆砲台。
守軍也開砲反擊，整個基隆市街陷砲火中，守軍砲火不足傷亡極重不得不撤，中午一時日軍全面進攻市區。
義軍利用堡壘、民房與日軍交戰。
邊打邊退，逐漸退向獅球嶺。
兩軍交戰於大雨中。
各營全部退回獅球嶺後，日軍隨後攻到。
殺!!
殺!!
哇!!
殺
殺
哇
獅球嶺砲台居高轟擊來犯敵軍。

義民
義
大家奮力保家衛國殺鬼子吧！
大成、小江在此認識了許明等一夥義民。
由瑞芳轉進獅球嶺的義民，聚集一處摩拳擦掌準備殺敵。
大夥都抱著抗日殺敵決心。
烈雨湮鏃旗。英雄血濺紅。豪雨濃霧，槍砲聲交鳴，激戰開始⋯
同日下午三時日軍川村少將率三中隊逼近基隆西南端。
西村、落二大尉各率一中隊至獅球嶺東邊高地
守軍砲轟猛烈日軍也發砲攻擊，並利用雨霧攀登前進。
阪井大佐率一聯隊抵達基隆西南兵營。
投入戰鬥的近衛師團約四千雄厚兵力。
獅球嶺守軍由胡友勝率部（廣勇）應戰。
台勇則排在另一側行進。
義民勇士排在後方。
大家把鬼子殺個片甲不留！
殺倭寇。
日軍著油衣油帽乘霧接近，
很接近時義軍才發現。
廣勇
哇！敵軍。
日寇在前面！

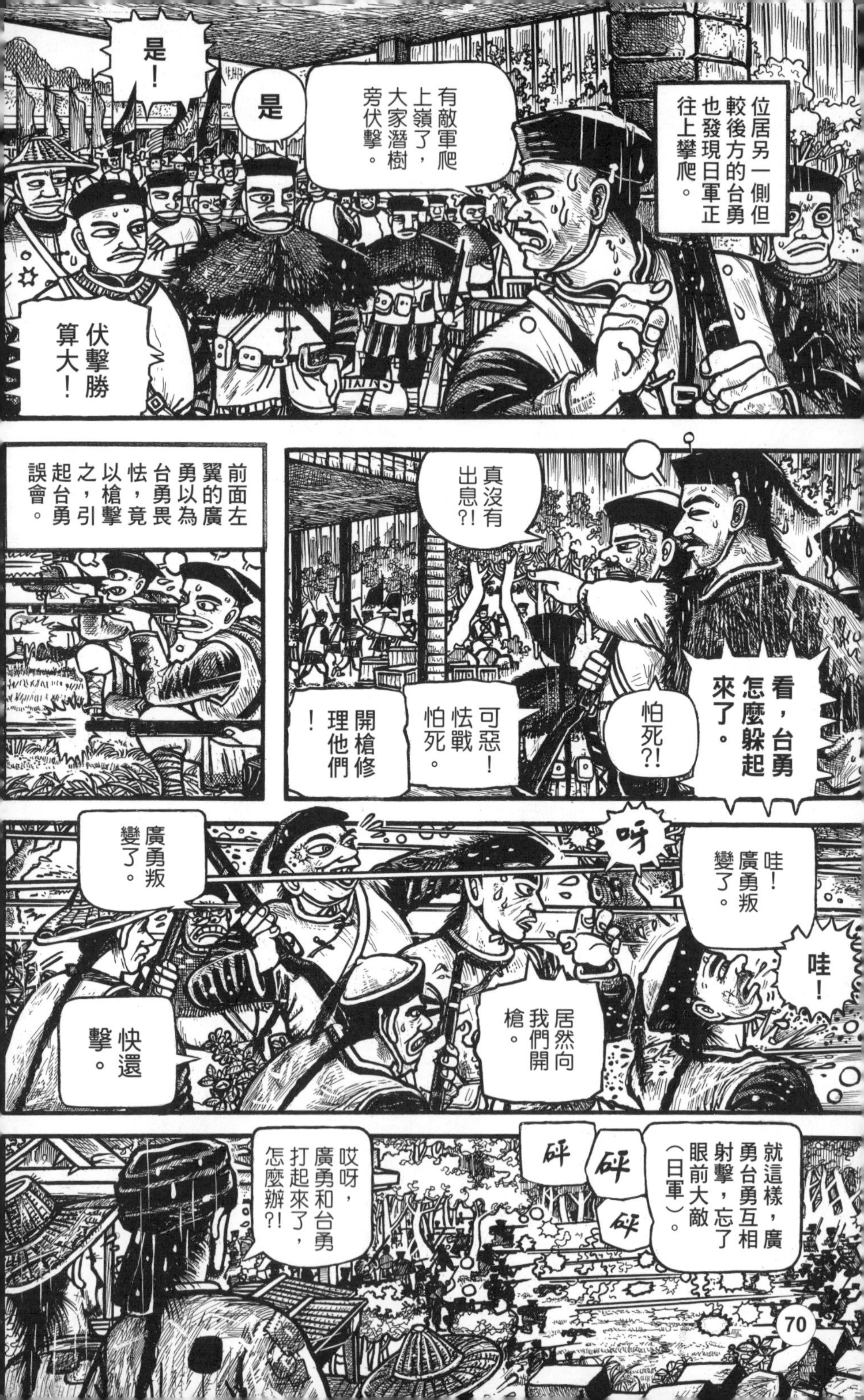
位居另一側但較後方的台勇也發現日軍正往上攀爬。
有敵軍爬上嶺了，大家潛樹旁伏擊。
是
是！
伏擊勝算大！
看，台勇怎麼躲起來了。
怕死?!
真沒有出息?!
可惡！怯戰怕死。
開槍修理他們！
前面左翼的廣勇以為台勇畏怯，竟以槍擊之，引起台勇誤會。
呀
哇！廣勇叛變了。
廣勇叛變了。
哇！
居然向我們開槍。
快還擊。
就這樣，廣勇台勇互相射擊，忘了眼前大敵（日軍）。
砰
砰
砰
哎呀，廣勇和台勇打起來了，怎麼辦?!

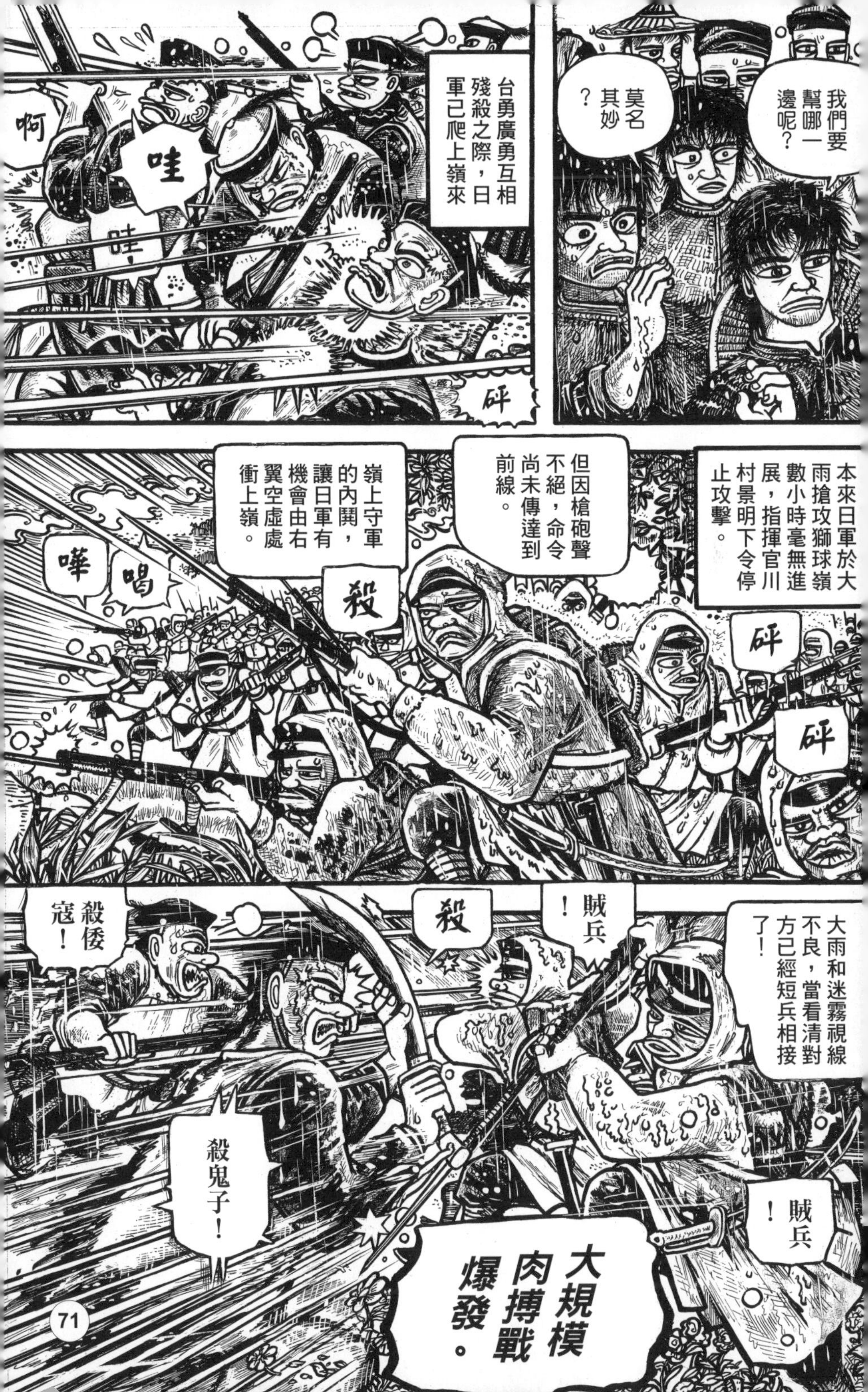
我們要幫哪一邊呢？
莫名其妙？
台勇廣勇互相殘殺之際，日軍已爬上嶺來
哇
哇
啊
砰
本來日軍於大雨搶攻獅球嶺數小時毫無進展，指揮官川村景明下令停止攻擊。
但因槍砲聲不絕，命令尚未傳達到前線。
嶺上守軍的內鬨，讓日軍有機會由右翼空虛處衝上嶺。
殺
喝
嗶
砰
砰
大雨和迷霧視線不良，當看清對方已經短兵相接了！
賊兵！
殺
殺倭寇！
殺鬼子！
賊兵！
大規模肉搏戰爆發。

衝啊！
嘩
台灣勇士們，殺日本鬼子吧。殺呀！
義民勇士一百數十人，奮勇衝入敵陣，見人就殺。
義
殺！
殺日本番兵！
嘩
嘩
殺
許明的柳葉刀如銀虹飛蛇。
哇
身影如鬼魅，狂砍敵軍。
但是沒有高強武藝的義民，很快就命喪敵軍刀下
哇呀！
啊
哇
哇！什麼武器?!
殺
大成、小江武藝精湛，瘋狂衝刺撲殺敵人。
瑞芳與獅球嶺之戰，日軍有數名尉官級軍官陣亡或受傷
唉唷
喝！

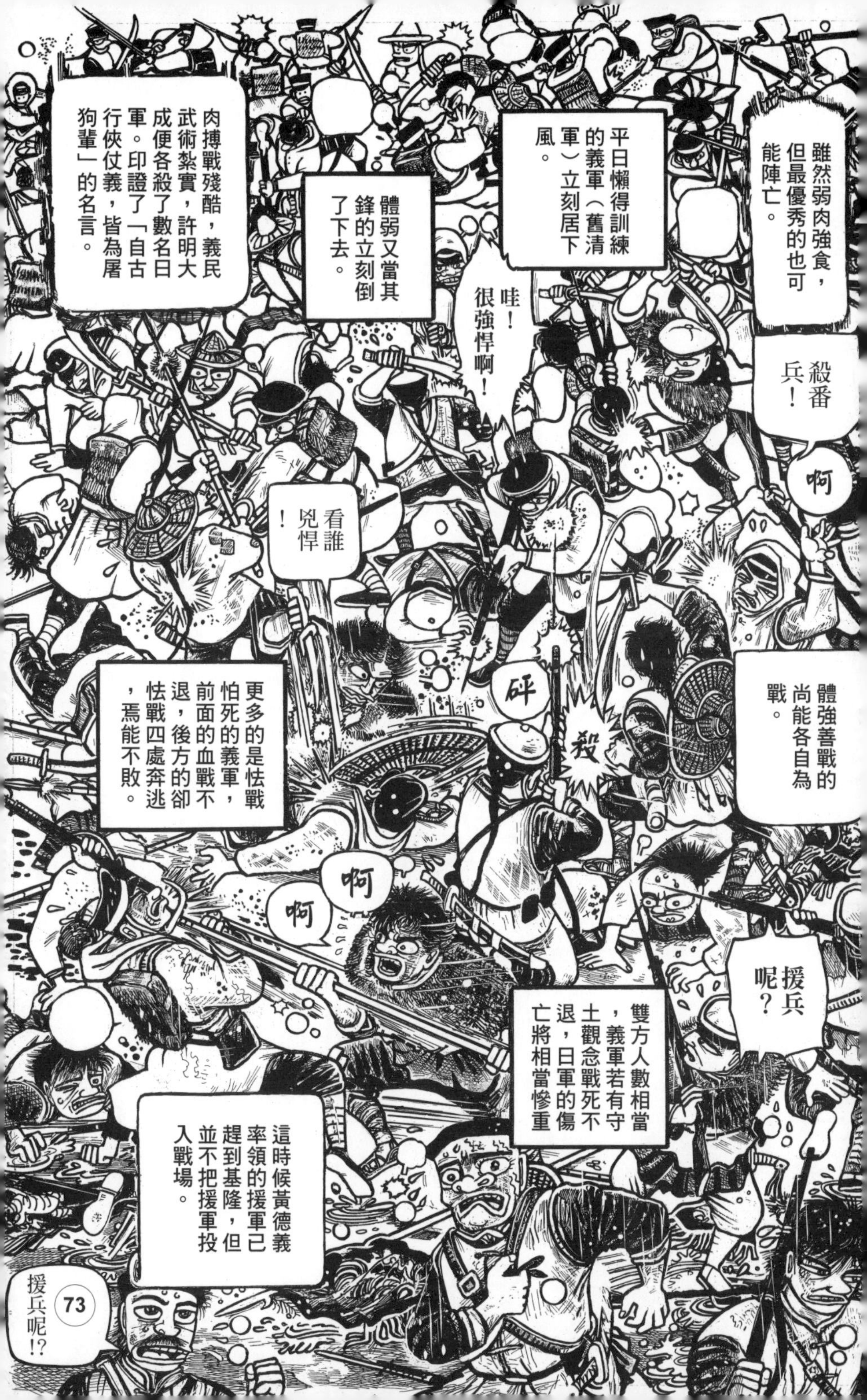
雖然弱肉強食，但最優秀的也可能陣亡。
平日懶得訓練的義軍（舊清軍）立刻居下風。
體弱又當其鋒的立刻倒了下去。
肉搏戰殘酷，義民武術紮實，許明大成便各殺了數名日軍。印證了「自古行俠仗義，皆為屠狗輩」的名言。
殺番兵！
哇！很強悍啊！
啊
看誰兇悍！
體強善戰的尚能各自為戰。
砰
殺
更多的是怯戰怕死的義軍，前面的血戰不退，後方的卻怯戰四處奔逃，焉能不敗。
啊
啊
援兵呢？
雙方人數相當，義軍若有守土觀念戰死不退，日軍的傷亡將相當慘重
這時候黃德義率領的援軍已趕到基隆，但並不把援軍投入戰場。
援兵呢!?

轟
砰
砰
轟
砰
獅球嶺正在激戰。
砰
不知什麼原因，黃德義臨陣變卦。
殺！
哇
喝
喔！
嶺上槍砲聲不斷，
砰
日軍一批批冒雨湧入。
清
義軍無法抵擋四散潰退。
砰
砰
義民勇士被打散了，四處各自作戰。
砰
砰
砰
砰
因地形較熟，不致被日軍圍死，尚能伺機攻擊，但效果不大。
呼
傳令給各部，我軍搭原車返回台北。
是
於是，景崧派出的援軍，置血戰的同袍不顧，全部折返台北。
回台北後欺騙景崧：援軍到達基隆之前獅球嶺已淪陷，因大雨只得返回，並謊稱日軍懸賞景崧首級，故趕回保護云云。
嘟
嘟

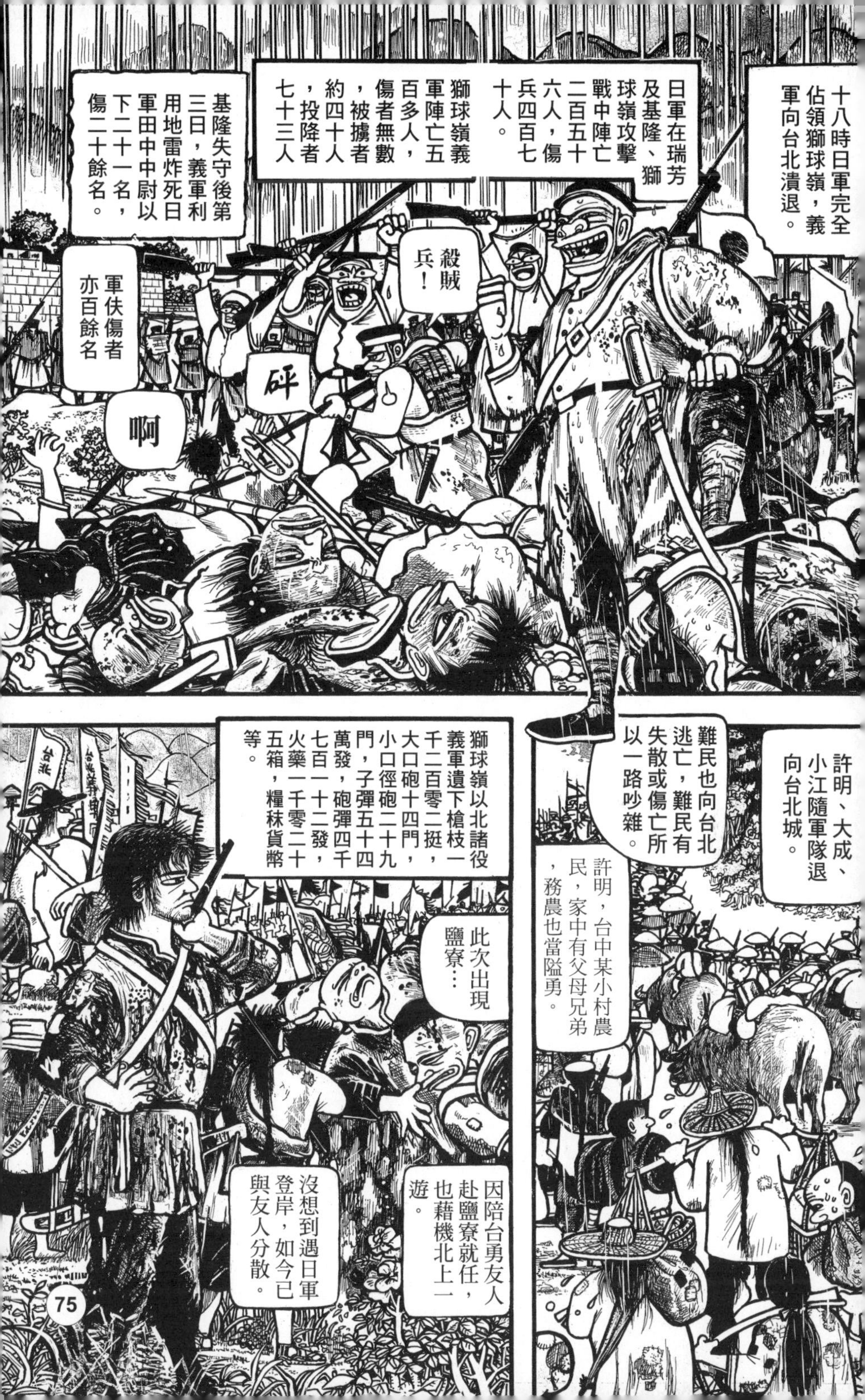
十八時日軍完全佔領獅球嶺，義軍向台北潰退。
日軍在瑞芳及基隆、獅球嶺攻擊戰中陣亡二百五十六人，傷兵四百七十人。
獅球嶺義軍陣亡五百多人，傷者無數，被擄者約四十人，投降者七十三人
基隆失守後第三日，義軍利用地雷炸死日軍田中中尉以下二十一名，傷二十餘名。
殺賊兵！
軍伕傷者亦百餘名
砰
啊
許明、小江、大成隨軍隊退向台北城。
難民也向台北逃亡，難民有失散或傷亡所以一路吵雜。
獅球嶺以北諸役義軍遺下槍枝一千二百零二挺，大口砲十四門，小口徑砲二十九門，子彈五十四萬發，砲彈四千七百一十二發，火藥一千零二十五箱，糧秣貨幣等。
許明，台中某小村農民，家中有父母兄弟，務農也當隘勇。
此次出現鹽寮…
因陪台勇友人赴鹽寮就任，也藉機北上一遊。
沒想到遇日軍登岸，如今已與友人分散。

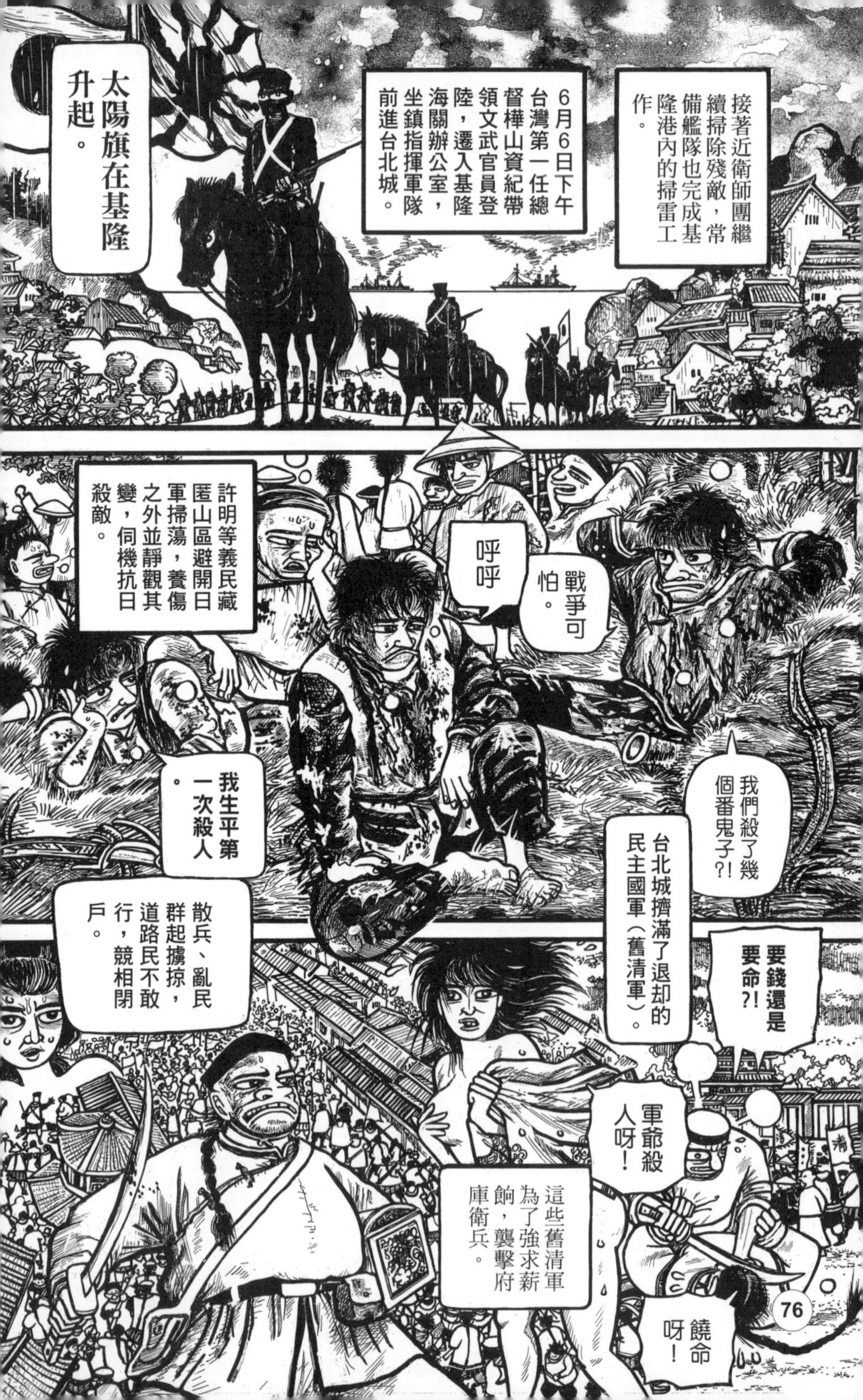
接著近衛師團繼續掃除殘敵，常備艦隊也完成基隆港內的掃雷工作。
6月6日下午台灣第一任總督樺山資紀帶領文武官員登陸，遷入基隆海關辦公室，坐鎮指揮軍隊前進台北城。
太陽旗在基隆升起。
戰爭可怕。
呼呼
許明等義民藏匿山區避開日軍掃蕩，養傷之外並靜觀其變，伺機抗日殺敵。
我們殺了幾個番鬼子?!
我生平第一次殺人。
台北城擠滿了退却的民主國軍（舊清軍）。
要錢還是要命?!
散兵、亂民群起擄掠，道路民不敢行，競相閉戶。
軍爺殺人呀!
這些舊清軍為了強求薪餉，襲擊府庫衛兵。
饒命呀!

天王從先生詠「乙未抗日之役」詩

共赴國難

台灣海外久聞名，乙未倭奴寇禍驚；
四百萬人齊一拚，成仁取義振天聲。
匹夫匹婦挽狂瀾，環海怒濤奮手搏；
志士仁人同一命，千秋萬世此心丹。

台灣先賢先烈專輯　一四六頁

唐景崧出奔 台北城淪陷

日本台灣始政

當瑞芳失守，有人向唐景崧建議，應由唐親自上前線指揮，以鼓舞士氣或能改變戰局，但唐不接受。
待獅球嶺被佔，參謀熊瑞圖建議兵退新竹投林朝棟及劉永福以圖再舉。
景崧卻敷衍塘塞毫無鬥志，並放任侍衛驅趕憂國之士。
大人已五夜未睡，你們也回去休息吧。
再多言，殺之！
唉。
啊！
軍令俱在，你自己看著辦吧。
五日李文魁率台勇從基隆到台北城，逼景崧出戰，景崧懼之，擲軍令架於地後匆忙入內，並於深夜和心腹潛逃淡水。

路上有人問之，景崧答曰：往基隆督戰也，景崧先匿於淡水德記利洋行，六日傍晚率親兵眷屬乘德輪前往廈門。
許多士紳也紛紛背離台灣往大陸。
台灣民主國發起人之一
丘逢甲也捲帶募款十萬兩一走了之，遠赴大陸
一時盜匪蜂起，向逃亡者勒索。
景崧逃亡淡水曾為賊民識破，搶劫景崧約五萬元美金才放人。
社會秩序瓦解，部分舊清兵成盜匪，為分贓袍澤互鬥，忘了日軍的存在。
景崧和清兵是雇傭關係，付薪餉的雇主走了，等於斷了清兵的衣食，於是潰兵四出劫掠。
台勇和廣勇本就不和，如今更是互相殘殺
營官李文魁聚眾燒巡署劫庫銀。
火藥庫也被爆破。
該日城內死數百人。
法、德海軍遂派數十名兵員，上岸保護僑民。
台北為全島政治中心，兵器糧食資源地。
法軍三十名
德軍二十五名

台北城到處殺聲震天積屍遍地，潰勇遊民流氓結夥擄掠。
哈哈，藝妲間平常窮人不能進入。
今日要好好享受。
沒錢就不能玩嗎？老子偏要玩。
哈哈。
春香
哇！土匪呀。
逃呀！
汪！
讓窮人玩玩又怎樣!?
救命呀！
部分軍勇掠官銀太多，掉落一地。
流氓、潰勇互相搶奪庫銀，打死許多人。
後到潰勇因拿不到值錢財物竟放火焚燒官舍。
並拆下城牆上大砲等武器沿街叫賣。
當年台民以歌罵景崧：
撫台反貝放（台語）伊輸，克虧百姓尋無主，那卜盡忠甲伊刣，百姓也免即六無。
意即：景崧潛逃不願抗日，害老百姓孤苦亡命。

艋舺士紳李秉鈞、吳聯元、陳舜臣及大稻埕李春生等力主鎮壓，苦無力鎮壓。眾人後思一策；到基隆求日軍入城鎮壓，但這些有錢人無人敢往。
日軍在旅順屠城，太可怕了。
我們都是有錢人誰願意冒險？
我們是國家棟樑不能冒險。
我是菁英也不能死。
七嘴八舌的富豪士紳等所謂高尚人士？
本來欲成立民主國以保護家產並希望能夠封侯拜相。
哪知道⋯⋯唉！
我們學識高、身分高、老婆多，不能冒險
各位富豪，菁英大人物
我替大家到基隆請日軍進台北城平亂，如何!?
啊！阿榮。
阿榮願意⋯⋯太好了。
阿榮真了不起
這趟路很兇險，萬一我不幸了，總之⋯
我家裡老少就請各位照顧提拔了。
阿榮最棒！
大家先請你吃大餐。
阿榮讚。
死了當飽鬼
哈！先吃一頓。
他就是抗日戰爭中最響噹噹的重要角色之一—辜顯榮。

辜顯榮原係鹿港人，身材魁武，少時家貧由鹿港到台北，寄身艋舺施姓同鄉開的「合和棧商行」，該行事做台北鹿港間的生意。
辜氏隨時間成長，累積資本後也開起雜貨店並做南北貨，雖然不富有但喜交朋友，所以在艋舺也算是號人物。
之後因嚮導日軍有功，又協助日軍殲滅抗日志士，成為日人統治台灣舉足輕重的角色，獲頒二等勳章擠身日本帝國貴族院議員。
抗日村毀人亡離散、田地荒蕪，辜用各種手段擁有一萬二千甲土地成為台灣唯一大地主。辜又在日人厚愛之下投巨資拓疆，從事食鹽、樟腦、砂糖、鴉片等專賣企業，財大勢大並娶七個妻妾。
本書
大人物
出場囉！
成王敗寇
能久親王南下時辜親為嚮導，並於鹿港勸百姓設香案迎接能久親王，也為日軍糧食問題奔走不遺餘力。
此為擠身日本政經名流後的辜顯榮
更於一八九六年六月在鹿港一帶，召募二千名台灣百姓協助日軍，對抗攻擊西勢庄、番婆庄、鹿港的抗日軍。
李春生怕辜顯榮語言不通，
又商請
美國記者大衛遜、德國商人奧里、英國商人詹森和辜顯榮約定六月六日上午七時在某處會合前往。
出發日
辜某在會合處
等了很久
不見外國人蹤影。
黃鼠狼
老外還不來只好自己去基隆啦。
老外害怕番兵而不敢去嗎？
我用台語和日本人談，會通嗎？

辜氏於一八六六年二月二日生於彰化鹿港街某市頭二〇四番，二歲喪父，母以針線手工以維生計，母子兩人生活窮困潦倒，所以自小早熟努力。
此時年齡三十歲
八歲時讀了數個月的私塾，十八歲和幾個同鄉北上艋舺。當時，艋舺是台灣最繁華的都市，是窮人想發跡的天堂。
辜氏雖然混跡艋舺但也常到基隆沿海撿拾水流木運到台北賣，所以熟悉台北到基隆的路徑。
下午四點多。
他來到日軍設於基隆的臨時總督府。
因為語言不通，僅能比手畫腳。
日營中美國隨軍記者戴維森
我…來帶你們到台北城嘛。
你是清軍…
派你來做間諜的吧？
巴該牙落！
快承認你是間諜。
把這個清國奴拖出去槍斃算了。
用刺刀殺也可以！
我是來帶路的。
我畫台北城地圖給你們看。

外面的吵雜聲驚動室內的內定民政長官水野・遵，他出來透過懂福建話的軍官翻譯後，採信了辜顯榮的話。
官員已離台，城內沒有留下兵卒嗎？
並命辜帶領前哨部隊前往台北城。
到了今（汐止）遇見了遲來的美國記者和英德商人。證實辜所言不虛。
台北的商人百姓正等著皇軍去保護他們的性命財產。
近衛師團派往台北的偵查隊也回報說，松山附近皆豎白旗歡迎他們。
當夜台北府電信局主管，電報機械的德國籍專員（韓生）所拍電報被日軍截獲，更證實台北城內官走兵避並無備戰。
近衛師團積極準備
明日凌晨
進攻台北城！
月亮高高掛。
日軍習慣凌晨偷襲。
日軍各部深夜自基隆拔營朝台北前進時，
沿途村落紛紛奔相走告相率逃亡。
番兵來了！
ㄉㄤ
ㄉㄤ
大家逃番（日軍）阿反呀。
台語；番阿反，指日軍反了會來殺人。

松山附近有老人、小孩等逃避不及，畏懼被殺紛紛跪在地上求饒。
都是老人和小孩。
唉
日軍登陸以來，游勇土匪四處擄掠，百姓日夜如驚弓之鳥痛苦不堪。
6月7日凌晨，日軍先鋒部隊一隊到達城外東北練兵場，一隊到達北門，城上有少數台勇守城作戰。
倭鬼來了，殺！
開槍！
準備作戰！
城上尚有少數賊兵。
部分台勇為雪前恥，據城攻擊不願撤退。
打死幾個倭鬼，死了也甘願。
砰
砰
台勇義軍有守土決心，願當烈士
城上只有數十人，但城門緊閉上不去。
先鋒部隊沒有梯子，工兵又尚未到達。
砰
砰
砰
天未亮打不準呀。

陳法
此時北門外出現一對賣碗粿的母子。
番兵來了，在開槍呀!?
透過翻譯溝通，婦人陳法搬來竹梯供日軍登城。
當居民被槍聲驚醒，並有人在街上敲鑼喊著。
不要失望，提起勇氣。
獨眼龍明天從南部帶兩萬精兵過來。
就會把倭寇、番兵通通趕下海。
註：獨眼龍就是抗法名將林朝棟。
沒希望啦，別吹牛了。
城上只剩幾十個不怕死的在死戰啊。
沒指望了。
舉白旗投降吧。
砰
日軍利用陳法的竹梯登上北門城牆。
上呀!
台北北門的城牆並不高。
快上去殺賊兵。

砰
砰
砰
數十名孤軍守台北城，勢單力薄草草結束
城上槍聲大作，義軍馬上被日軍的強大火力壓制下來。
清軍上萬只剩這幾十個敢打仗!?
是日義軍死三人受傷被虜者六十餘人，日軍無人傷亡。
投降吧！
接著日軍開城門入城，分佔火車站、軍機總局、東南門、兵器製造所、台北府衙等地。台北遂為日軍所據，此役辜顯榮應功勞第一。
可怕。
戰勝的滋味，就是地上的血腥味。
這個年代日本魔軍是地球上最可怕的殺人機器之一，能克服困難的地形日夜行軍作戰，戰鬥失利不願被俘也會刺喉自殺。
對日軍而言，台北城實在太容易佔取了。因為前面尚有瑞芳及獅球嶺之戰，而且佔領基隆後第三日（6月5日），義軍利用地雷炸死日軍田中中尉以下二十一名，傷二十餘名，軍伕傷者亦百餘名，此日日軍損失慘重。
皇軍開始進城。
看看是否真如辜某所說的；人民「簞食壺漿」迎接皇軍。

如辜顯榮所言，城內士紳平民手搖日章旗甚至備酒食迎接日軍。
不久前，台灣民主國宣佈成立時，這些（即得利益者）士紳們還誓言；「寧願一死誓不從倭」，為何有一百八十度的轉變呢？
茶
茶
這正是惡富劣紳見風轉舵的習性，這些富商幾個月前的義舉純出自私心。
6月7日，中西少佐率一中隊步兵進逼淡水掃蕩。
聽說清兵在淡水各庄胡作非為!?
害怕在改朝換代之後失去財富，才會鼓吹成立台灣民主國抗日，現在又見風轉舵啦。
據說有數千清兵聚集在淡水，準備返回大陸。

早在日軍進入台北之前，淡水一帶村庄被欲趕回大陸的廣勇洗劫一空，居民恨之入骨。
死老百姓！
碎
滾開！
其中一個村落被懼戰的廣勇將村庄男人全部趕走。
可惡！
之後，光天化日之下強姦被迫留下來的婦女。
當日軍到達，村民不但不避，還沿路點燈指引日軍搜捕潰勇。
在居民協助下日軍立刻展開攻擊。
大量潰勇集結淡水本準備逃返大陸，除少數逃往南部其餘全部投降，人數達三千餘人，淡水一役草草結束。
投降！
投降！

日軍將潰兵游勇用簡陋的舟船運送回大陸，任其自生自滅。
如此，台北一帶抗日軍暫時消聲匿跡。
當日日軍福安大佐及憲兵譯官等六十四名乘八重山艦由淡水登陸，準備十日在台北設行政所。
特別介紹一位惡棍馬屁精大人物。
地頭蛇大惡霸專長：勾結日寇恃勢欺壓同胞的漢奸。
哈哈……
錫口（今松山）首富陳春光，（綽號陳彩舍；意指很有錢的人）近日見日軍輕易入台北城，又見日軍陸續經過錫口，遂思媚日後大貴，並能肆意欺侮自己同胞。
地頭蛇
陳迎部份日軍進駐陳家大宅，全家忙得團團轉，打掃、奉茶、殺豬宰雞鴨殷勤招待。
征服者真好。
有現成的奴才。
借過！
上菜。
上菜。
這些龜孫子招待真周到呀。

上菜！
上菜，借過。
陳氏更應日軍要求派他次子陳文乾、堂弟陳有義，為日軍南侵帶路，協助剿滅抗日志士，立下大功。
文乾
台北文獻會資料
之後日軍對陳氏回報，給予陳春光一個兒子陳五豹做十六個長字號的官：如郵政局長、壯丁團長等。此後五豹氣焰甚盛、囂張跋扈，常仗勢虐待同胞。
有日軍做靠山，
我的名字叫「鴨霸」！
這就是許多台灣流氓殘害同胞的下流行為

6月10日當能久親王部隊經過汐止時，當地居民蘇樹森還前來奉表輸誠。
讓日軍誤以為台灣百姓皆簞食壺漿以迎王師。其實城內百姓都人心惶惶。
當能久親王率後續部隊入城的同一天，台灣北部爆發了另一股逃亡潮。
逃命呀！
因為自從日軍入城之後，立即進佔民宅。
四處劫掠雞牛。
四處搜索兵器，以致人民惶恐，聞叩門聲皆驚為日兵上門矣。
咯咯

日軍除陸續進入台北城，並派兵掃蕩金山、萬里沿海義軍
日軍掃蕩清殘兵勢如破竹。
日軍龐大軍勢，嚇得百姓往外逃亡，只見扶老攜幼累重戴舟。
沿淡水河或蔽海而浮或逆流往大漢溪沿岸山林小村避難。
本書部份內容出自戴維森記錄。
恭逢日軍佔領台灣，事況繁雜不可不記。
萬華龍山寺
軍無常規，民無常態，身逢亂世什麼狀況都有。
大家都逃難去了，我這個窮丐婆也要離開艋舺了。
城裡到處番兵，我們妓女只好和丐婦孤兒一起逃亡了。
快逃到鄉下尚可討飯吃。

台北城約十五萬人口，戶數約二萬餘。城廓環繞市街外圍，開設東西南北四座城門，城內直徑全長一里餘。
城內市街道路皆以石板鋪疊，道路寬敞，住屋皆為磚造二層高大樓房，構造宏偉並有騎樓可通行。市內處處有公廁，看不到隨處大小便的人。
日軍進城之後商家已恢復做生意，有些商家可能遭游勇搶劫或藏匿，店內一無所有，有些商家仍有物可賣。
飯店
商品從中國貨到洋貨應有盡有，但商人利用戰亂哄抬物價。路邊飲食攤最多也十分不潔，水溝堵塞汙水溢流。
官府衙門散佈各地建築宏偉，美輪美奐，庭院深深，台灣官衙建築外面是平房，屋內構造和廟宇相同。
官衙前有旗杆。
北門外淡水河邊是洋人居留地，只有英、德、比利時三國設領事館。洋人多為購茶來台，居家為洋樓十分乾淨。

一些有辦法的日本投機商人也來台參加始政典禮。
趾高氣揚的姿態引人側目。
利用台灣的資源、勞力幫助日本南進。
哇，這地方真不乾淨。
這裡的人真是劣等人。
哈哈！
我們才是優秀的民族，哈哈！
6月14日樺山資紀進入台北城，三天後，6月17日在原巡撫衙門搭起帳篷舉行侵台「始政儀式」。
下午3點鐘，禮砲二十一響後，揭開了典禮序幕。當日有24位洋人和83位台灣人參與，總人數共四百餘名。
官員問：
台灣目前安定了嗎？
樺山言：
不、不！困難的事還在後頭呢。
台湾始政典礼
日軍充滿信心認為一個月內拿下全台灣。
不過，大概一個月後就全部佔領台灣吧。
天皇萬歲！
天皇萬歲！

嘿，受寵若驚啦。
辜顯榮因領軍有功，所以位子被排在最前排顯眼處。
理過髮的辜顯榮。
這個清國奴是誰!?
哇，日本人這麼看得起我呢!?
我要努力對日本人盡忠，天皇萬歲
把握這個改變命運的機會。
喊得比別人大聲。
天皇萬歲！
總督樺山盛裝照，當日演講略述：
大日本帝國因戰勝而獲得台灣及澎湖群島為新版圖，使在地居民承受我天皇聖明的教化…
樺山受天皇寵渥，奉命為總督，頑冥的清兵已為我軍一一敉平。我將夙夜匪懈，藉以報答天皇聖恩。
6月14日樺山台灣總督與大島少將、水野民政局長、海軍大佐角田及工兵大佐兒玉等幕僚，於下午一時搭火車到台北大稻埕火車站，當日細雨霏霏。
嘟
嘟
介紹日酋樺山進城當天情況
樺山拒絕準備好的轎子，準備徒步進台北城。
海軍軍服
道路泥濘，居民身穿白色禮服手搖日章旗夾道歡迎。

有居民簞食壺漿歡迎，更有跪列兩旁以示敬服之意。
並有台北士紳準備的樂師以笙、鼓、鑼、笛等樂器合奏表示歡迎之意。
如此盛大的歡迎是日軍侵華以來所沒有過的，樺山總督極為高興神采奕奕。
天皇
今天下過大雨泥濘也要走。
台灣人如此熱烈歡迎，可見台灣始政，於此可期矣。
日酋樺山穿著歐式軍裝，
神采飛揚地踩在搶來的泥濘土地上。
虛張聲勢的軍容，讓日軍覺得真顯耀。
天皇萬歲！
日本萬歲！

六月十七日下午三時於二十一響炮後，由川村旅團長任指揮官率近衛師團在總督府前依序舉行閱兵。
並在舊巡撫衙門前舉行閱兵分列式，海軍樂隊演奏日本國歌「君之代」後，全軍高喊天皇萬歲。
當日有居留台北與淡水的英、德領事及其它西方人和市民數十名參加始政慶典。
吾等外邦人士首謁總督閣下，來日若常駐此地，深願閣下多予以厚愛。
晚宴時樺山起身連呼英皇陛下及德皇陛下萬歲，眾人附和之，現場一片和樂。
日本在台北始政典禮的結束，也就是對台灣五十一年暴政的開始。
掃蕩基隆、台北附近殘賊！
日軍為南侵安全計，自6月10日就派混成枝隊一中隊沿基隆兩側搜索掃蕩，進逼至金山、萬里一帶，但沒有找到義軍蹤影。

6月20日，岩崎少佐率步兵二中隊，乘八里山艦自基隆趨佔蘭陽一帶，廿日十一時由蘇澳登陸當地義軍未抵抗。
投降者七十七名。
二十日入侵羅東，人民亦無抵抗。廿三日入侵宜蘭，當地漢奸李望洋（舉人）陳以德（秀才）等數人迎接日軍。
蘭陽（宜蘭）投降
於是宜蘭、羅東一帶遂為日軍不勞而獲。
潛伏義軍義民互通訊息。
台北輕易被拿下了，可惡！
我們遲早會被搜出來。
隨大家南下往新竹吧。
聽說新竹有許多客家抗日義軍，去投靠他們。
小孩別哭，快跟大人走。

義民及各路義軍和百姓絡繹不絕地向桃園、新竹方向移動。
許明、小江、大成等義民也南下桃園新竹投靠抗日志士。
土地公
南進出發時，能久親王意氣風發地吟了一首漢詩；
台北融融仁政成
皇軍到處湧歡聲
旭光將披台南地
殲破巨魁安萬生
自6月11日至25日日軍先後組成新竹偵查隊、新竹枝隊、台北新竹間連絡枝隊掩護隊及兵站線路掩護隊等，陸續向南推進。
冷血殺手出動！
24日令岩元少佐率一大隊（混成枝隊轄）由近衛師團團長指揮。25日自基隆出發，27日到桃園，沿途設兵部站守之。（時台北以南兵站僅至桃園）
要像野獸般地勇猛出擊！

辜顯榮曾擔心地說。
畢恭畢敬地透過翻譯。
大人！
台北以南可能不像台北這麼平靜呀。
新竹到苗栗是客家人的地盤呀。
哈哈，巡撫所在地不過爾爾，其他地方能怎樣呢？
客家人在台灣是少數民族，又能怎樣？
日酋能久親王身旁軍官。
日軍準備南侵時，總督府決定任命辜顯榮隨總司令部南下。
隨時可提供諮詢及提供策略，辜氏聰明知道這是成功的好機會。
我只是小人物，水野長官對我這麼提拔，實在令人意外。
歐達庫戲（我）現在是，軍事顧問啦，哈哈哈…
辜氏終於有發揮長才的機會。
接著有更多漢奸毛遂自薦投效日軍。
奸

報數！
1
2
3
4
7
10
11
日軍除了重用辜氏，其它台人漢奸，為了改朝換代後的前途和分享榮華富貴，許多人自甘成為日軍馬前卒。
開始分組。
有的負責刺探賊兵情報。
有的負責幫忙找糧食，凡是可吃的都先呈報上來。
要不要找姑娘。
廢話，當然要啊。
哈哈，這差事我要。
日軍以夷制夷作戰，抗日軍慘啦。
台灣有句諺語：「一樣米養百樣人」。就是同樣吃一種白米的台灣人，卻有好、壞人之分，有的誓死抗日有的卻賣祖求榮。
漢奸為日軍馬前卒隨軍南下。之後，義軍因行動屢次外洩而敗戰，就是他們的傑作。
抗日軍不論官兵或義民軍都極需新血投入，漢奸滲透入義軍非常容易，因為都是同胞，不易察覺。爾後義軍常被日軍圍剿殲滅，但渾然不覺漢奸就潛在營內。

漢奸小人，奸惡輩橫行。
大人。
剿平賊匪之後求大人給個官做。
這些漢奸吃香喝辣又拿錢之外，又向日軍求官做。
你們要什麼官做？
哈哈。
如村長、警察、處長等，
我們有些人不識字，掛個名就行了，如獲答應…
就幫日軍先抓台北城內叛賊。
你們親自抓叛賊給我，還是…？
帶皇軍去抓？
我們不能露臉，怕以後…
會被修理，我們只提供線索。
喔，
那你們不會辦公務，
當村長、處長、警察又有什麼用呢？
大人不知道，當個官在地方上才像老大，
神氣！
當了老大一般人就會敬畏。
走路有風呀。
嘖。
這些人真是貪財怕死又想當老大。
居然跟這種傢伙做朋友。
也只有這種畜牲會出賣同胞，只好遷就了，巴該牙落！

民主國民兵團成立時，為籌軍費四處募款，除了立帳冊並給予收據。
統領攜募款十萬兩潛返大陸，帳冊並未全數帶走。
日軍根據漢奸情報蒐得部份帳冊，立即全面搜捕，有些台民聞風脫逃。
然而也有許多台民被捕鋃鐺入獄。
昔日潰勇擄掠台北時，有人雇台勇護宅，但日軍一到台勇慌忙南下。
有清朝旗幟，是土賊。
這裡有一把刀。
哇！害死人啦！
台勇部份帶不走的器械棄置於雇主屋內，雇主忘記將刀械丟棄便引來殺身之禍。
哎呀！怎麼辦!?
許多良民因被漢奸舉報搜出器械，冤枉入獄。
漢奸把平日討厭的人或索取不到金錢，還是追不到的女人，通通以賊匪或同路人名義，害他們入獄。
大人冤枉啊！
害死人呀。
大混亂的時代沒有法庭可申訴，漢奸造成更多台民家破人亡。

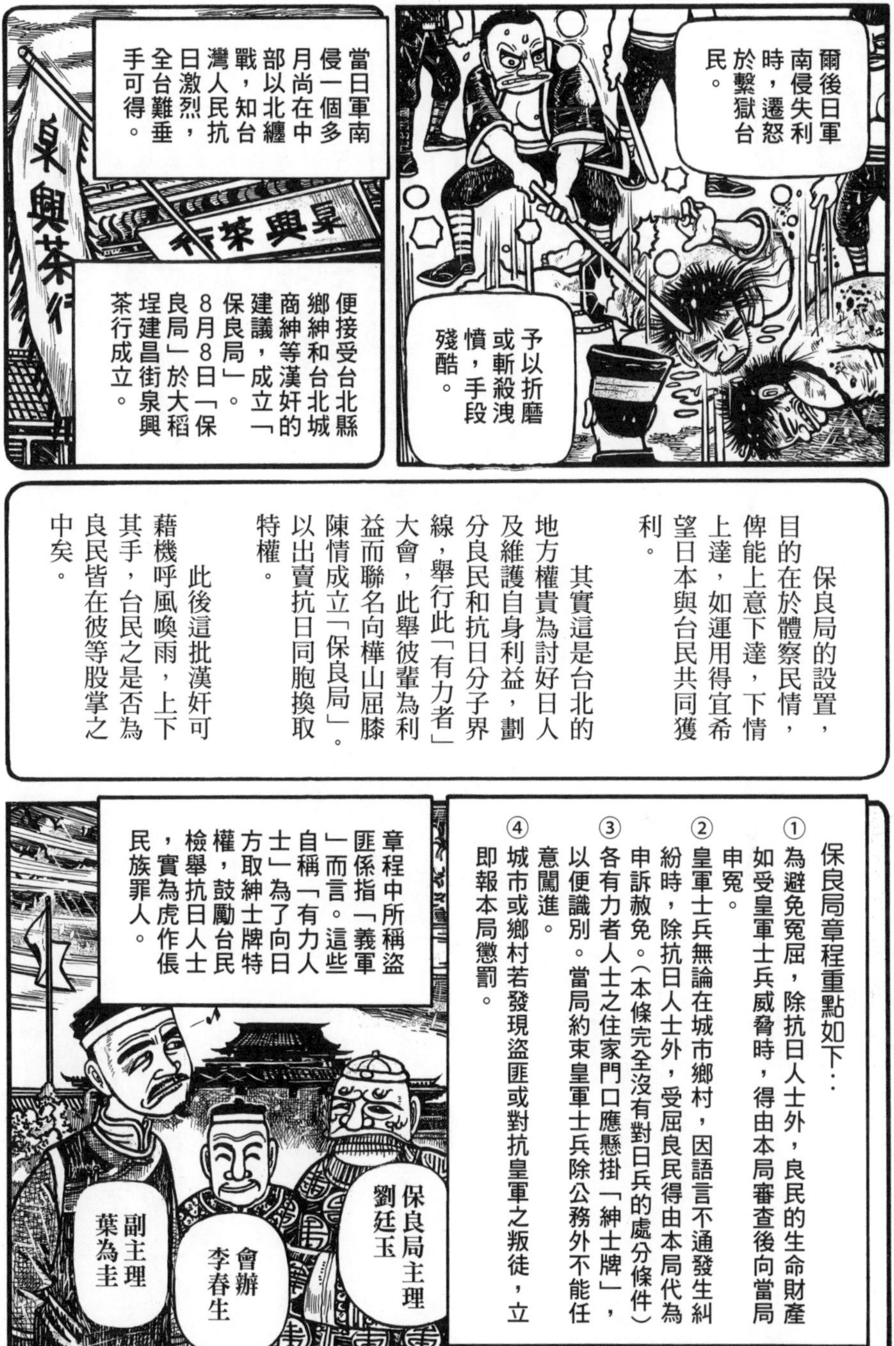

爾後日軍南侵失利時，遷怒於繫獄台民。
予以折磨或斬殺洩憤，手段殘酷。
當日軍南侵一個多月尚在中部以北纏戰，知台灣人民抗日激烈，全台難垂手可得。
泉興茶行
泉興茶行
便接受台北縣鄉紳和台北城商紳等漢奸的建議，成立「保良局」。8月8日「保良局」於大稻埕建昌街泉興茶行成立。
保良局的設置，目的在於體察民情，俾能上意下達，下情上達，如運用得宜希望日本與台民共同獲利。
其實這是台北的地方權貴為討好日人及維護自身利益，劃分良民和抗日分子界線，舉行此「有力者」大會，此舉彼輩為利益而聯名向樺山屈膝陳情成立「保良局」，以出賣抗日同胞換取特權。
此後這批漢奸可藉機呼風喚雨，上下其手，台民之是否為良民皆在彼等股掌之中矣。
保良局章程重點如下：
①為避免冤屈，除抗日人士外，良民的生命財產如受皇軍士兵威脅時，得由本局審查後向當局申冤。
②皇軍士兵無論在城市鄉村，因語言不通發生糾紛時，除抗日人士外，受屈良民得由本局代為申訴赦免。（本條完全沒有對日兵的處分條件）
③各有力者人士之住家門口應懸掛「紳士牌」，以便識別。當局約束皇軍士兵除公務外不能任意闖進。
④城市或鄉村若發現盜匪或對抗皇軍之叛徒，立即報本局懲罰。
章程中所稱盜匪係指「義軍」而言。這些自稱「有力人士」為了向日方取紳士牌特權，鼓勵台民檢舉抗日人士，實為虎作倀民族罪人。
保良局主理劉廷玉
會辦李春生
副主理葉為圭

保良局這個御用機關為日軍肅清抗日志士提供不少助力，獲得不少鉅額賞金，但檢舉人常有藉機報私仇的行為，所謂有力人士權力更大，善良百姓受害更深。
紳士牌
日兵更為跋扈，許多對政治並不關心的百姓被迫害而惶惶不安，最終被逼抵抗，使得抗日之火益形熾烈。
一些良知未泯的日人乃向總督府力陳保良局弊端，保良局遂在完成耳目任務，於日軍控制全台之後被樺山下令裁廢。
台灣漢奸為了向日人邀功獲利，積極檢肅抗日志士。
本是同根生，相煎何太急!?
漢奸對台灣人民危害之劇，真是罄竹難書。
當代學者軍事分析
保良局成員除前述三人外尚有局員林望周、潘成清、魏炳文、潘光松、王慶壽、張夢星、陳受益、李樹華、陳景南、陳登元、李鍾玉、黃謙光等二十餘名，他們都是台北首屈一指的紳商。
唉!
漢奸簡介結束。

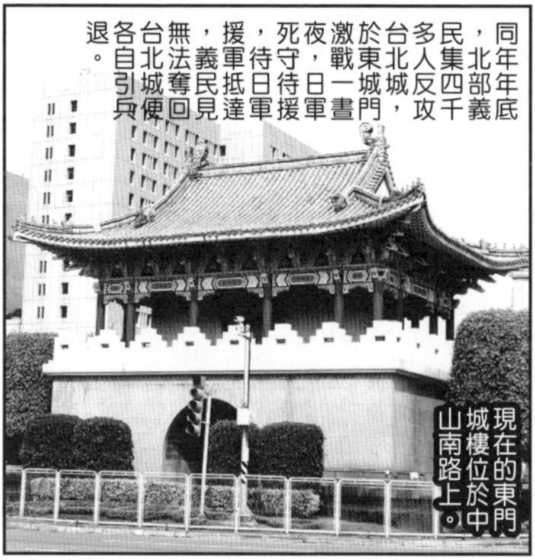
同年年底，北部義民集四千多人反攻台北城，於東城門激戰一晝夜，日軍死守待援，待日軍援軍抵達，義民見無法奪回台北城便各自引兵退。
現在的東門城樓位於中山南路上。

日軍利用陳法提供的竹梯登上台北城北門。
今北門古樓仍矗立於；台北市延平南路忠孝西路交界處。

中山堂
清朝台北城行政中心（巡撫衙門）約在今中山堂一帶。

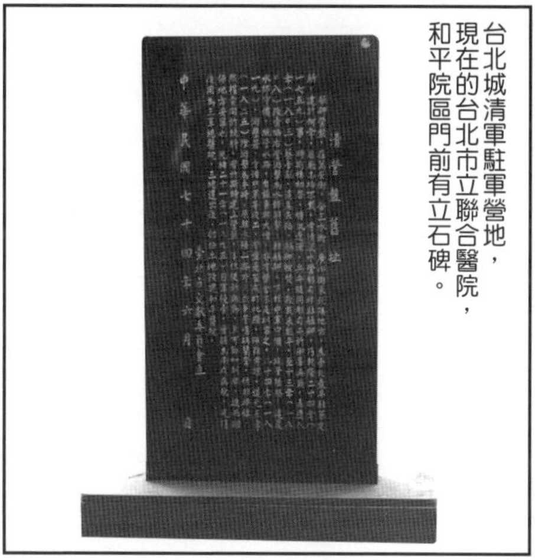
台北城清軍駐軍營地，現在的台北市立聯合醫院，和平院區門前有立石碑。

迎接日軍進入台北城的辜顯榮在萬華龍山寺旁西昌街的商家工作。
萬華龍山寺

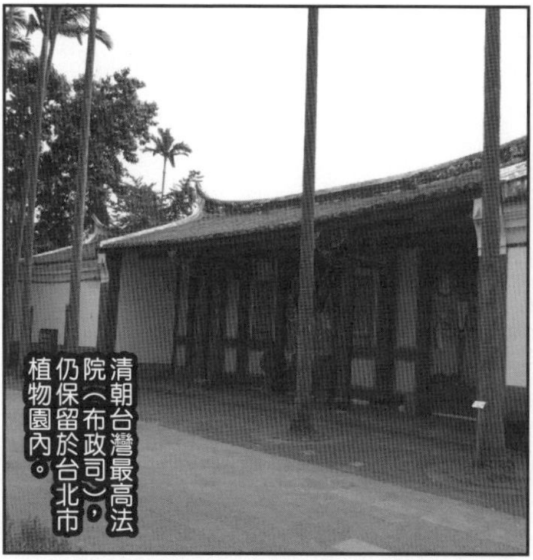
清朝台灣最高法院（布政司），仍保留於台北市植物園內。

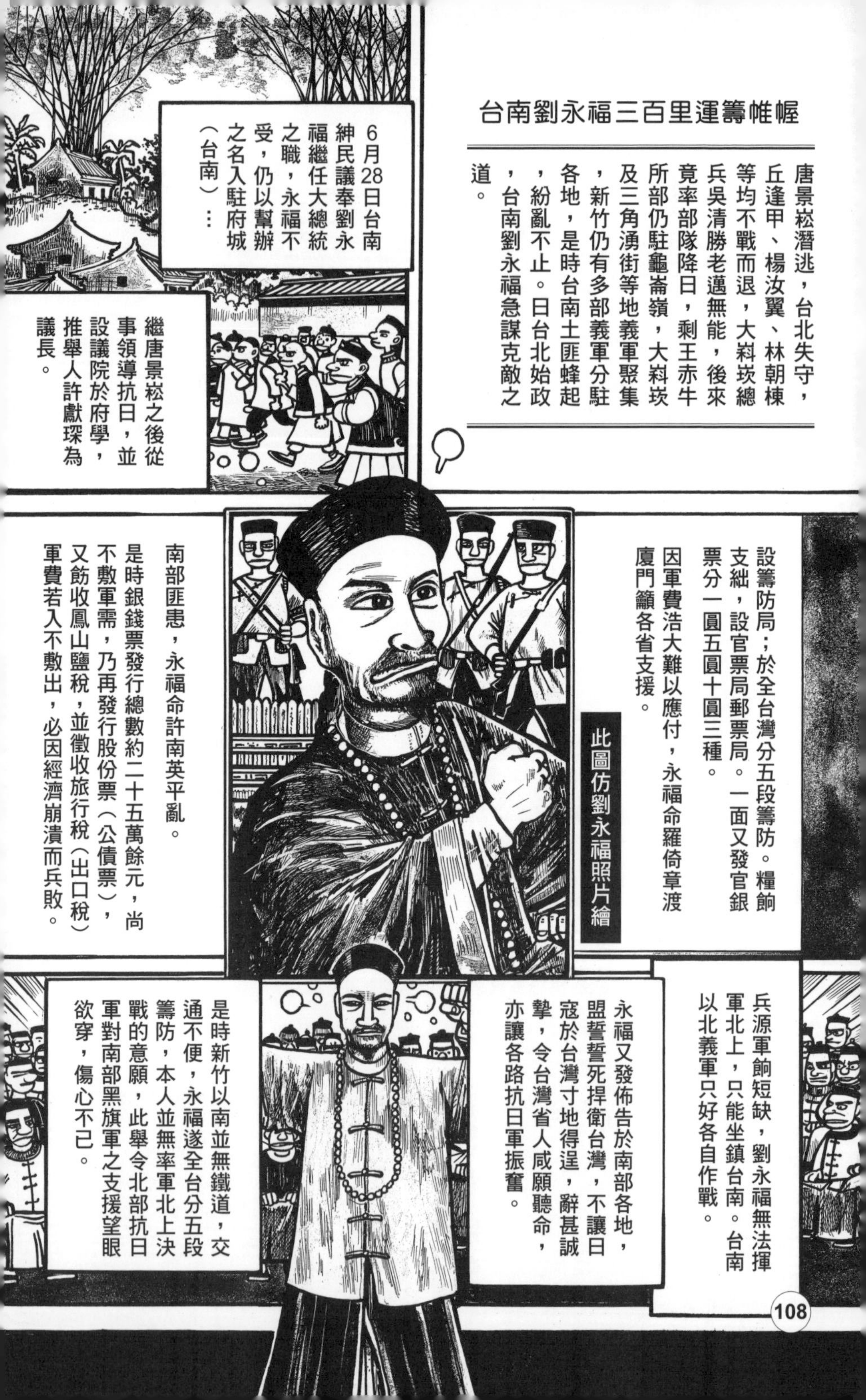
台南劉永福三百里運籌帷幄
唐景崧潛逃，台北失守，丘逢甲、楊汝翼、林朝棟等均不戰而退，大嵙崁總兵吳清勝老邁無能，後來竟率部隊降日，剩王赤牛所部仍駐龜崙嶺，大嵙崁及三角湧街等地義軍聚集，新竹仍有多部義軍分駐各地，是時台南土匪蜂起，紛亂不止。日台北始政，台南劉永福急謀克敵之道。
6月28日台南紳民議奉劉永福繼任大總統之職，永福不受，仍以幫辦之名入駐府城（台南）…
繼唐景崧之後從事領導抗日，並設議院於府學，推舉人許獻琛為議長。
設籌防局；於全台灣分五段籌防。糧餉支絀，設官票局郵票局。一面又發官銀票分一圓五圓十圓三種。
因軍費浩大難以應付，永福命羅倚章渡廈門籲各省支援。
此圖仿劉永福照片繪
南部匪患，永福命許南英平亂。
是時銀錢票發行總數約二十五萬餘元，尚不敷軍需，乃再發行股份票（公債票），又飭收鳳山鹽稅，並徵收旅行稅（出口稅）軍費若入不敷出，必因經濟崩潰而兵敗。
兵源軍餉短缺，劉永福無法揮軍北上，只能坐鎮台南。台南以北義軍只好各自作戰。
永福又發佈告於南部各地，盟誓誓死捍衛台灣，不讓日寇於台灣寸地得逞，辭甚誠摯，令台灣省人咸願聽命，亦讓各路抗日軍振奮。
是時新竹以南並無鐵道，交通不便，永福遂全台分五段籌防，本人並無率軍北上決戰的意願，此舉令北部抗日軍對南部黑旗軍之支援望眼欲穿，傷心不已。

新楚軍	副將	楊戴雲（請副將李維義代之）
福軍先鋒	總兵	譚少宗
台南防軍	都司	邱啟操
福字前敵	都司	蕭三發
鎮海軍	副將	楊泗洪
忠字防軍	副將	吳光忠（忠又作中）
福字七星隊	守備	王德標
福靖營	知縣	忠滿
福字左右軍		劉光明
十八堡義民軍		林得謙
台南團練	進士	許南央
五段團練	廪生	謝鵬翀
苗栗義民軍各營	諸生	吳湯興
嘉義防軍		劉步高
慶字營		蔡慶元

此時永福有能力指揮的約廿餘營，其部隊番號及統領者姓名如上。
劉永福在越南的數萬黑旗軍在回中國時，只帶回數千人，又被分配於中國各地。
帶到台灣的只有三百多名真正的黑旗軍，以後出現的是在台新募的黑旗軍。
黑旗軍快來呀！
但因名聲響亮，義軍和百姓不見黑旗軍奧援皆心急如焚。
劉將軍的神兵就快要抵達北部了。
大家放心，
一到達就會把日本鬼兵殺光光！

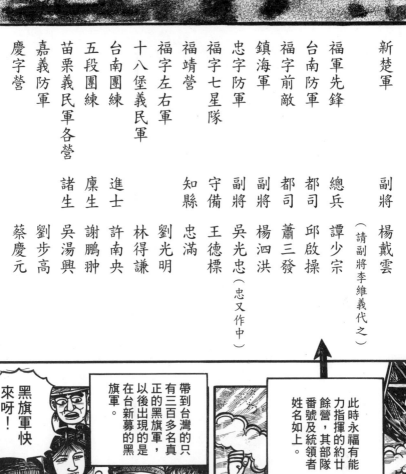

取代丘逢甲成為全台義民軍總統領的「吳湯興」雖然是文人，但智勇雙全可稱為客家豪傑。
他是抗日軍少數留下圖像的統領，也是極厲害的統領，奮戰十多役於彰化八卦山壯烈犧牲。
新竹城守軍兵員少，能夠向日軍挑戰放手一搏嗎？值得拭目以待。
太平盛世雍容華貴如君子之人，國難時變成投機國賊之輩。
台北城近萬民主國軍隊都望風而逃，不堪一擊哪。
打仗是災難只有職業軍人才能勝任嗎…？
平凡的農工群眾，困難時反而成了護國抗敵烈士。
新竹抗日軍是由書生集合農工群眾和部份舊清兵組合成軍，打得來嗎？
走著瞧吧！

第一章 台灣抗日政府之備戰

（一）兵力配備

台灣抗日政府成立後，日軍已迫近台島，全島抗日準備日益加緊，火藥局及軍裝機械局每日動工者約八百人，時島內義軍四起，唯沿海無海軍協守，僅有海岸砲台十四座（基隆五座建於社寮島、沙元庄、頂石閣、仙人洞、獅球嶺；淡水三座建於油車口、關渡口及觀音山；台南三座建於安平口；高雄三座建於旗後、哨船頭、大坪），陸軍亦僅百營而已。（註一）兵員總數不滿三萬五千人（每營以三百五十人計），且係民兵及新兵占多數，其防備力量可謂薄弱。

是時兵力防備大略如次：

・總統唐景崧駐台北
・義勇統領丘逢甲率所部駐台北附近
・提督張兆連率所部守基隆一帶
・提督綦高會率所部守淡水一帶
・道員林朝棟率所部守台中一帶
・幫辦防務劉永福率所部守台南一帶
・副將袁錫中率所部守台東一帶

（註一）甲午戰爭之前，全台兵勇只二十餘營（據姚氏《東方兵事記略》），嗣增劉永福二營，楊岐珍新兵十營，又新募粵勇四營，計共三十六營左右（澎湖此時增加在外）。澎湖失守後，去澎湖原有三營（戰時增加在外）。抗日政府成立後，去楊岐珍及萬國本十餘營，時加新起義軍（以八營計）及團練漁團等對抵外亦不上四十營（日參謀本部《日清戰史》載僅三十八營，人員計共為一萬三千二百名）。若以日混成第一旅團台灣史料載，甲午戰爭之初，全台兵勇有七十一營，如是計算最多亦不能超過百營。連氏《台灣通史》載：「土客新舊為數三百數十營」量不確實。

（二）武器儲備

抗日政府興軍以後兵員增加，而武器

摘自台灣抗日史（海峽出版社出版）第42頁～第49頁

甚感缺乏。景崧急向德國訂購，並電各省求助，得閩督應火藥千斤，舊槍千餘枝，子彈數萬發。水雷二百餘具；粵督亦應舊槍二千餘桿。向德國大田廠訂購之砲藥二十萬磅，槍藥五萬磅，哈乞開司一百磅，快砲四尊，皆給價三分之一。（戰爭發生後，砲運南洋，槍砲藥不知下落。）是時火藥庫儲存砲藥及土藥約四萬餘磅，毛瑟槍彈尚有二百八十餘萬顆，至於武器使用，步兵用槍多係毛瑟槍，分單連發兩種，又有抬槍等，砲隊用砲以克式砲最多，口徑自十五生至二十一生不等，砲台用砲以安式砲為多，口徑自五吋至十二吋不等；其次即舊式前裝砲，口徑自六吋至二十吋不等。

（三）糧餉籌措

當是時軍公用費浩大，庫銀儲備並未十分充裕，據連氏《台灣通史》及思痛子氏《台海慟思錄》載：「全台歲人正雜各款，計銀三百七十餘萬兩，而藩庫尚存六十餘萬兩（姚氏《東方兵事記略》載四十萬兩——著者註），然自軍興以來，糧餉浩大，旋奉部撥五十萬兩，南洋大臣張之洞奏請續撥百萬兩，劃交駐滬援台運轉局，以為接濟。猶恐不足用，林維源首捐壹百萬兩（林維源捐百萬兩《台海慟思錄》未載——著者註）。息借民間公款二十萬兩，而富商巨室傾資助軍者，為數亦多。」以上合計總數約七百萬餘兩。而抗日政府成立前，已用去若干，目下無從稽考。若據姚氏《東方兵事記略》載：「藩庫猶存銀二十四萬兩」（台北失守前夕），以此數與前數相較，相差甚鉅，因自抗日政府成立至台北失守前後僅十五日而已。

第二章　侵台日軍之編成

（一）組織概況

侵台日軍最高指揮機關為台灣總督府，陸軍主力為近衛師團，混成枝隊輔之。嗣因死傷過多，無法南侵，始調第二師團到台協助。至台南陷後，北部義軍繼起，乃再調混成第七旅團來援。先後兵勢總計有七萬零四十九人，馬九千四百三十四匹（據日參謀本部《日清戰史》附錄百零八）。海軍有常備艦隊及運送船四十餘艘，汽艇短艇數百，人員總數約一萬餘人。此外尚有武裝警官七百餘人，兵力可謂相當雄厚。

★台灣總督府

總督	海軍大將	樺山資紀
幕僚參謀長	陸軍少將	大島久直
幕僚參謀長	海軍大佐	角田秀松
陸軍局長	陸軍少將	大島久直兼
海軍局長	海軍大佐	角田秀松兼
砲兵部長	陸軍少將	村井長寬
工兵部長	陸軍工兵大佐	兒玉德太郎
軍醫部長	軍醫監	森林太郎
電信部提理	陸軍工兵少佐	三村友藝
民政部長	公使	水野遵
郵便部長		土居通豫
監督部長		新山春太郎
憲兵部長		藤原貞固
長官部理事		山本忠彰
內務部長		牧朴真
殖產部長		橋口文造
學務部長		伊澤修二

★近衛師團

近衛師團轄兩旅團，一獨立聯隊，三獨立大隊，兵員總數約一萬五千餘人，其組織大略如左：

☆近衛師團本部

師團長	陸軍中將	能久親王
參謀長	陸軍大佐	鮫島座雄
參謀	陸軍中佐	緒方三郎
參謀	陸軍少佐	明石元次郎
軍醫部長	軍醫監	木村達

☆近衛師團直屬部隊

近衛騎兵大隊長	陸軍中佐	澀谷在明
近衛野戰砲兵聯隊長	陸軍中佐	隈元次郎
近衛工兵大隊長	陸軍中佐	小川亮
近衛輜重大隊長	陸軍少佐	增野助之

☆近衛步兵第一旅團

旅團長　陸軍少將　川村景明

近衛步兵第一聯隊長	陸軍大佐	川島政則
近衛步兵第二聯隊長	陸軍大佐	阪井重季

☆近衛步兵第二旅團

旅團長　陸軍少將　山根信成

近衛步兵第三聯隊長　陸軍中佐　伊崎良熙

近衛步兵第四聯隊長　陸軍大佐　內藤政明

★混成枝隊

混成枝隊轄步兵三隊，砲兵一中隊。因澎湖之役死傷甚鉅，到基隆時兵員總數僅三千一百十六人（澎湖留守者在外）。其組織詳細情形參看本書第二編第二章。

★第二師團

第二師團轄兩步兵旅團，一獨立聯隊，三獨立大隊，兵員總數約兩萬五千餘人，其組織大略如左：

☆第二師團本部

師團長　陸軍中將　乃木希典男爵

☆步兵第三旅團

旅團長　陸軍少將　山口素臣男爵

☆步兵第四旅團

旅團長　陸軍少將　伏見宮貞愛親王

★混成第七旅團

混成第七旅團轄步兵二聯隊，山砲一中隊，工兵一中隊，步砲兵彈藥各一縱隊。

旅團長　陸軍少將　大久保春野

★常備艦隊

（二）裝備概況

是時日本陸軍步兵師團均已具有現代化（指當時）之新式裝備，步兵用槍皆係村田式連發槍，騎兵用槍皆係村田式騎槍，輜重兵攜司比瑟單發槍，步兵攜彈七十發，騎兵工兵均三十發，輜重兵十五發。砲兵備砲有山砲、野砲、機關砲（坂式、克式、保式、世達式、意式均有）。山砲攜帶彈藥百四十四發最遠射程三千米突，野砲百四十二發，最遠射程五千米突。此外尚有黃銅製後裝砲等。各式砲之口徑自七生至十五生不等。下士官（即下士）以上多備有軍刀，刀身三十生以上，使用被服均以夏季用品，並有避暑帽及防雨外套等，作戰時有口糧之供給。

海軍兵艦用砲以克式海軍砲最多，最大口徑至三十二生。

魔鬼掠奪者，
帶來驚天地泣鬼神的死亡！
掠奪者日本魔軍快到桃園了，將帶來死亡。
善者被欺，台灣人不能再任人宰割了。
老婆帶孩子躲起來，我和兄弟去殺魔鬼。
可惡！

大清帝國　國旗
排鎗噴火後，就換位置打。
不停改變射擊地點，就能避開日匪犀利的機關砲和野砲砲火。
台北淪陷，台民並不害怕，有更多的人民投入復仇的行列。
日寇太輕鬆拿下台北城，制定台灣總督府臨時條例。準備輕鬆地以文人統治台灣。
咱胸中一把復仇的火燃燒著！
戰死了，總比爬著被凌辱好。
不當螻蟻，抗日成大名！
民主國只十五天壽命就瓦解，台北以北至鹽寮抗日軍已潰不成軍，但宜蘭、基隆台北縣台民並未就此罷休，於十二月三十日夜聚集四千餘義民合攻台北城。戰至天亮退兵，日軍將今松山一帶夷為平地，戰事經七年餘才平息。

客族抗日篇

客家抗日聖戰開始

自籌餉糧　巾幗亦抗戰！　煉獄的日子來臨！

烽火新竹！
新竹、桃園附近各戰役
民族興亡
人人有責！！

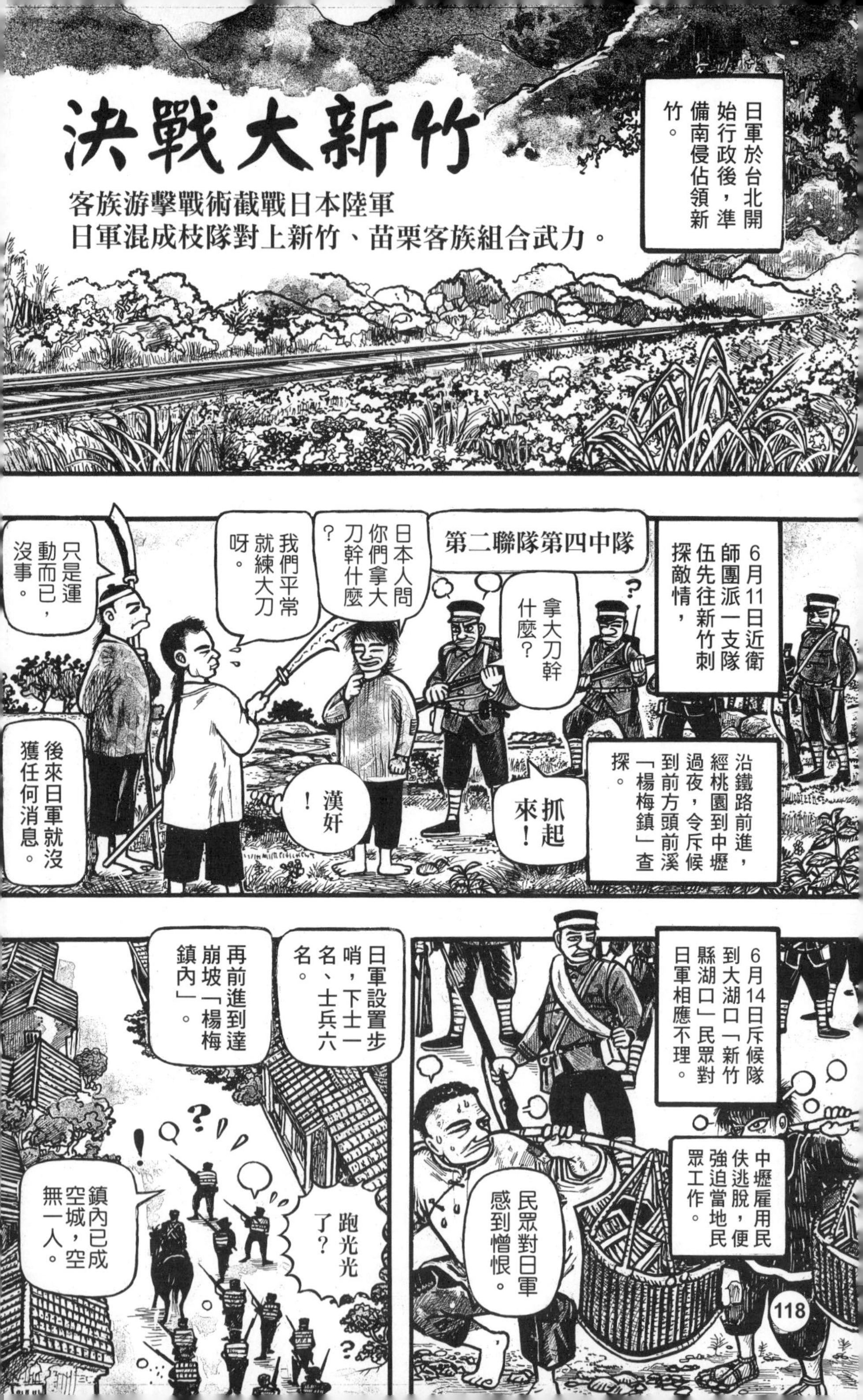
決戰大新竹
客族游擊戰術截戰日本陸軍
日軍混成枝隊對上新竹、苗栗客族組合武力。
日軍於台北開始行政後，準備南侵佔領新竹。
6月11日近衛師團派一支隊伍先往新竹刺探敵情，
沿鐵路前進，經桃園到中壢過夜，令斥候到前方頭前溪「楊梅鎮」查探。
第二聯隊第四中隊
拿大刀幹什麼？
日本人問你們拿大刀幹什麼？
我們平常就練大刀呀。
只是運動而已，沒事。
抓起來！
漢奸！
後來日軍就沒獲任何消息。
6月14日斥候隊到大湖口「新竹縣湖口」民眾對日軍相應不理。
中壢雇用民伕逃脫，便強迫當地民眾工作。
民眾對日軍感到憎恨。
日軍設置步哨，下士一名、士兵六名。
再前進到達崩坡「楊梅鎮內」。
跑光光了？
鎮內已成空城，空無一人。
118

在此遇到一位大陸人士，日軍趨前盤問。
今新竹城外有位吳姓的為首率數百人抗日。
城內亦有二千多人抗日，城外「新車」也有工兵在築工事。
不久從「新車」返回的間諜也報告情況。
和大陸人說的大致相同。
快回報應已到達桃園的第三中隊。
然而，做偵查隊後援的第三中隊卻已越過桃園來到中壢。
日軍在頭亭溪又從一老者口中獲得一些新竹縣情況。
第三中隊與隨軍參謀中村一行便向新竹方向出發。
新竹地區抗日主力簡介—
日軍到達之前，新竹方面早就做了備戰措施。
抗日主要人物吳湯興，乃是出生苗栗銅鑼的前清生員。
與丘逢甲同為客家人，民主國成立後他在丘逢甲的引薦下被授予「全台義民副統領」之職。
丘逢甲本身為全台義民統領。
吳遂率各路人馬在平鎮、龍潭、大湖等地與日軍交戰。

吳湯興受任副統領沒多久台北淪陷，林朝棟、丘逢甲陸續逃往大陸，留下的部隊由吳吸收。並整合其它客家勢力，如姜紹祖、徐驤、生員邱國霖、吳鎮洸等。
大會鄉人盟誓，曉以民族大義，鄉人附和抗日，儲糧備武器，做義勇衣、義旗、編營號發佈告示。
前澎湖總兵吳剛亮亦率兵來援，北埔姜紹祖散家財募勇響應。
林朝棟散兵出逃後其部將傅德星領二營響應吳湯興，又募得陳澄波一營，於是軍威大震。
台北向新竹南奔潰勇、金帛累身，新竹民間認為盜餉及通日遂截之。
傅德星、謝天德率前衛方至新竹、出而截之。湯興自苗栗馳援，知台北已失陷，遂合截潰勇。
然後兵駐枋寮義民廟（舊名大湖口），現在之湖口。
大湖口為進入新竹必經要道，也是義軍最前線。
14日10時20分，佐佐木中尉率偵查隊來到大湖口，兵至羊喜窩。
砰
砰
砰
殺番兵！
突遭姜紹祖、鍾石妹、胡嘉猷等所率大批義軍圍攻，日軍據險頑抗。
許明等勇士也到此地，知日軍追至，便就近加入當地義勇軍（義民）。
砰！

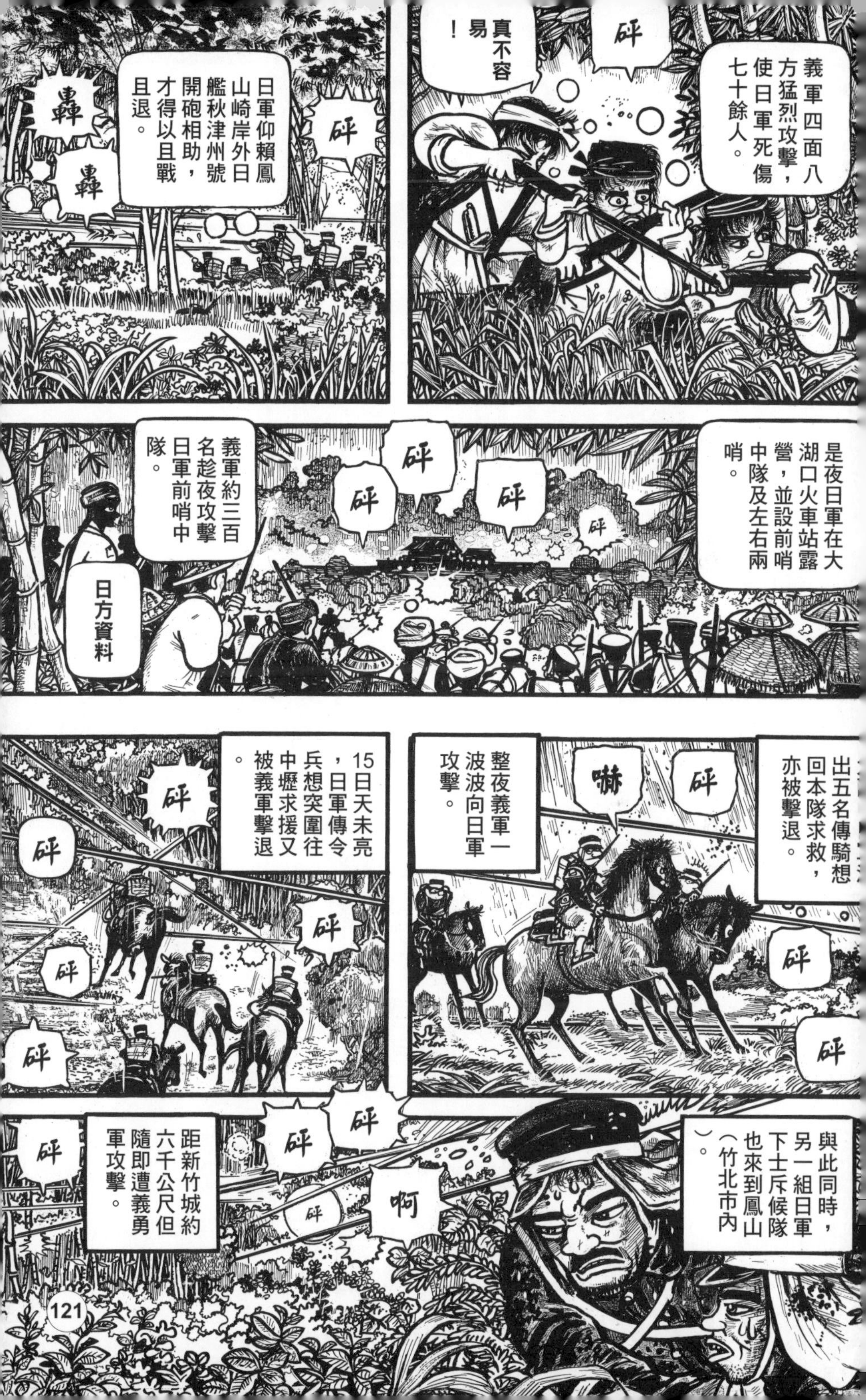
義軍四面八方猛烈攻擊，使日軍死傷七十餘人。
砰
真不容易！
日軍仰賴鳳山崎岸外日艦秋津州號開砲相助，才得以且戰且退。
砰
轟
轟
是夜日軍在大湖口火車站露營，並設前哨中隊及左右兩哨。
砰
砰
砰
砰
義軍約三百名趁夜攻擊日軍前哨中隊。
日方資料
出五名傳騎想回本隊求救，亦被擊退。
砰
嚇
整夜義軍一波波向日軍攻擊。
砰
砰
15日天未亮，日軍傳令兵想突圍往中壢求援又被義軍擊退。
砰
砰
砰
砰
砰
與此同時，另一組日軍下士斥候隊也來到鳳山（竹北市內）。
砰
砰
啊
砰
距新竹城約六千公尺但隨即遭義勇軍攻擊。
砰

數百名義勇軍包圍攻擊日軍斥候隊，日軍斥候隊皆無法前進而折返。
根據斥候隊的回報，本地民眾對日軍並無好感，可能會揭竿抗日。
砰
砰
砰
近衛師團司令部於18日下午對第二聯隊下達命令，命該隊應於18日向新竹推進。
該隊遂於凌晨三時台北北門外集合，前進新竹
領隊陸軍大佐阪井重季。
日軍經過桃園，見居民極為歸順。
民宅大都掛出小旗。20日夜宿中壢。
天順民
農工商善良民迎接
同心大日本
同心大日本
天順民順大日本皇明大臣大將軍
21日上午五時十五分日軍出發沿鐵路前進，發現鐵路已被破壞輜重隊六時出發，糧食隊七時出發，斥候隊先行。
步行到楊梅！
木枕
數日來義軍斥候也一再回報日軍行動。
吳湯興遂率隊出大湖口迎戰，陳起亮邱國霖徐驤各率營分三路準備夾攻日軍。
向楊梅壢前進！
義勇軍
吳
徐
義勇軍

斥候隊首先遭遇義軍，一時槍聲大作。
砰
砰
砰
砰
叭
叭
咚咚
義軍於高處以敲鑼打鼓方法通信，告知日軍方位。
打呀！打死鬼子。
咚咚
並以鼓聲指揮義軍的前進與撤退。
21日8時兩軍戰於楊梅壢（楊梅），戰於崩坡庄。
日軍大隊趕至，以二小隊攻主要道路，另二小隊分向南北高地攻擊。
咻
唷唉
哇
砰砰砰砰
轟
並以野戰砲、機關砲猛轟，一時屋瓦人肉橫飛。
義軍退大湖口（湖口）據民宅、磚牆內抵抗。
激戰數小時不分勝負。
不久日軍砲隊又趕到。
楊梅
大湖口
磚牆民宅被砲擊毀，義軍不敢戀戰自大湖口往西南撤退。
轟轟
哇!!
轟
轟

戰火所及楊梅壢到處起火，民宅焚毀大半。
大湖口二百餘戶店坊也俱成焦土。
游擊戰術是客家軍的專長，利用巷道叢林打帶跑，且戰且退。
義軍的頑強抵抗為日軍始料未及，義軍短期集結抗日領導人幾乎均為文武秀才舉人與進士。
轟
轟
轟
砰
砰
砰
砰砰
敢
清
義
敢
抗日義軍領導
吳湯興—苗栗銅鑼鄉客家人秀才時36歲
吳光亮—廣勇總兵江西贛縣人。
徐驤—苗栗縣頭份鎮客家生員，時38歲。
姜紹祖—苗栗縣北埔人，時22歲。
新楚軍統領藍翎副將楊戴雲—湖北人

突擊肉搏是許明、大成、小江的專長！
殺
刺
哇！好兇的老百姓！
專格殺迷路或落單日軍，使其難以耀武揚威！
蔡旺
邱林
陳起亮
傅德星
邱國霖
陳澄波
吳湯興武裝
抗日義軍義民領導眾多，以上各領導皆英勇善戰，而且大多數於新竹諸役犧牲。
此役日軍兵力約一千人，義軍兵力約一千數百人。
哎呀!!
哇
倒楣戰死的日本鬼子
農民不會殺人！
此役造成日軍死亡一百五十人之多。抗日軍死傷不詳。
殺日軍是不得已！
可惡
抗日軍傷亡當在日軍數倍以上。
不過此役對傲慢的日軍是一記重擊。
從此該改變看法，對台灣人不能掉以輕心。

吳湯興招募義軍告示

（抄自台灣抗日史63頁）

統領台灣義民等營吳，為出示曉諭事：照得本統愚昧無知，謬蒙前撫憲唐委統全台義民，事繁責重，蚊負堪慮，惟當此台北已陷于倭夷，土地人民皆遭其荼毒，聞倭奴據後，則田園要稅，房屋要稅，人身要稅，甚至雞犬牛豬無不要稅。且披髮左衽鑿齒雕題，異服異言，何能甘居宇下？本統領惻然不忍，志切救民，故不憚夙夜勤勞，倡率義民義士，以圖匡復，以濟時難。爾對踐土食毛，盡數天朝赤子，須知義之所在，誓不向夷，尚祈各庄各戶，立率精壯子弟，須修鎗砲戈矛，速來聽點，約期剿辦倭奴；本統領開誠佈公，甘苦共與，斷不敢妄自尊大，但軍令宜嚴，方能殺敵致果。並望眾志戮力同心，一團和氣；不可互相殘殺，不可挾仇尋釁，並不可觀望不前，各安各業；如有倚強欺弱，妄殺無辜，或肆行擄掠，糾黨劫財，定按軍法嚴辦，決不姑寬。合行曉諭，為此示仰各庄義民等，一體遵照毋違，特示。

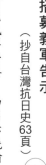

新竹義勇軍14至16日於楊梅壢、大湖口之戰成就輝煌，憑此役擴大募勇、微餉，並獲得台灣知府黎景崧肯定，資以軍費。
然而抗日軍的致命傷是當地富豪大宅心存觀望，未予湯興全力支持。
糧械不濟只好向黎景崧飛書告急，景崧答軍款乏無，未能多為接濟，深為慚愧。
大財主都袖手旁觀，怎麼辦？
真為湯興抱不平！
他們怕日本人又捨不得花錢，莫名其妙？
打仗可是要餉，要吃飯的呀。
22日凌晨五時，就是他率領混成枝隊進攻新竹城
阪井重季大頭照
佔領新竹城的日匪頭目
第一旅團第二聯隊長
混成枝隊就是把不同兵種搞在一起作戰的隊伍吧。
台灣匪徒都躲在林中偷襲，所以派小隊搜索。
並向沿路村落叢林砲擊！
大隊則向新竹城前進。
註：日軍故意不將抗日軍列為交戰團體，而以「土匪」稱之，是故意混淆視聽。
前進新竹城！
路上反抗者格殺毋論！
吼吼
日軍來攻城了。
日軍傾巢而出呀。
所有大砲都來了！
日軍野戰砲、機關砲全部出籠，來勢洶洶……
我軍武器不足受訓不足。
不能枯守城內挨打

誰願領兵半途截殺日軍！
以維護我各軍退回山上，再待機出擊。
我紹祖帶一隊死士前往敵人側面攻擊
若得生還，山上再見。
兄弟真視死如歸，吾在山上等你！
還有，留些弟兄裝平民在城內伺機
報告，新竹知縣王國瑞懼逃了。
沒出息。
人各有志不能強求。
不怕死的和我上前殺敵吧！
知縣王國瑞懼逃。
一些巨室也紛紛逃命
紹祖帶一隊人馬到日軍必經
抗日軍雖多，但大多是缺乏訓練的平民，武器也落後。
湯興等領導知道欲對抗日軍實在困難，但仍下了抗戰到底的決心。
各部人馬退出新竹城潛於村落或山區，之後再伺機攻擊日軍。
躲到鄉下去。
媽，我們去哪裡？
跟著大家到鄉下去躲日軍。
走快點呀。
砰
砰
砰
喔！
匪賊出現了！
下馬
日軍來到枋寮遇到突擊。

土匪不少呀！
砰
砰
砰
哇
義軍躲在村落林間伏擊，日軍頗難有效攻擊。
叫機關砲和山砲來助攻。
姜紹祖所率義軍之外，另有其他義軍投入突擊的行動。
砰
砰
砰
殺日匪！
殺
義軍且戰且走，忽前忽後，飄忽不定。
此刻義軍頗具優勢，踞高處向下猛烈射擊。
隊長親自向高地義軍發砲數百發，二、三、四砲車遂次發砲。
哇
噠
噠
機關砲若全力發射，一分鐘可達六百發，加上砲隊又出動山砲轟擊。
一時砲聲隆隆山岳為之震動。
轟
義軍見處於劣勢，立即脫離戰場。
撤退
撤退
鐵路已被搗毀，日軍步行南侵。
途中各部隊架鍋煮飯，餐後繼續艱苦地向前推進。
22日11時終於望見新竹城。
支隊長
前衛、機關砲隊、工兵從左側攻入城內。
本隊由正面開進城內。

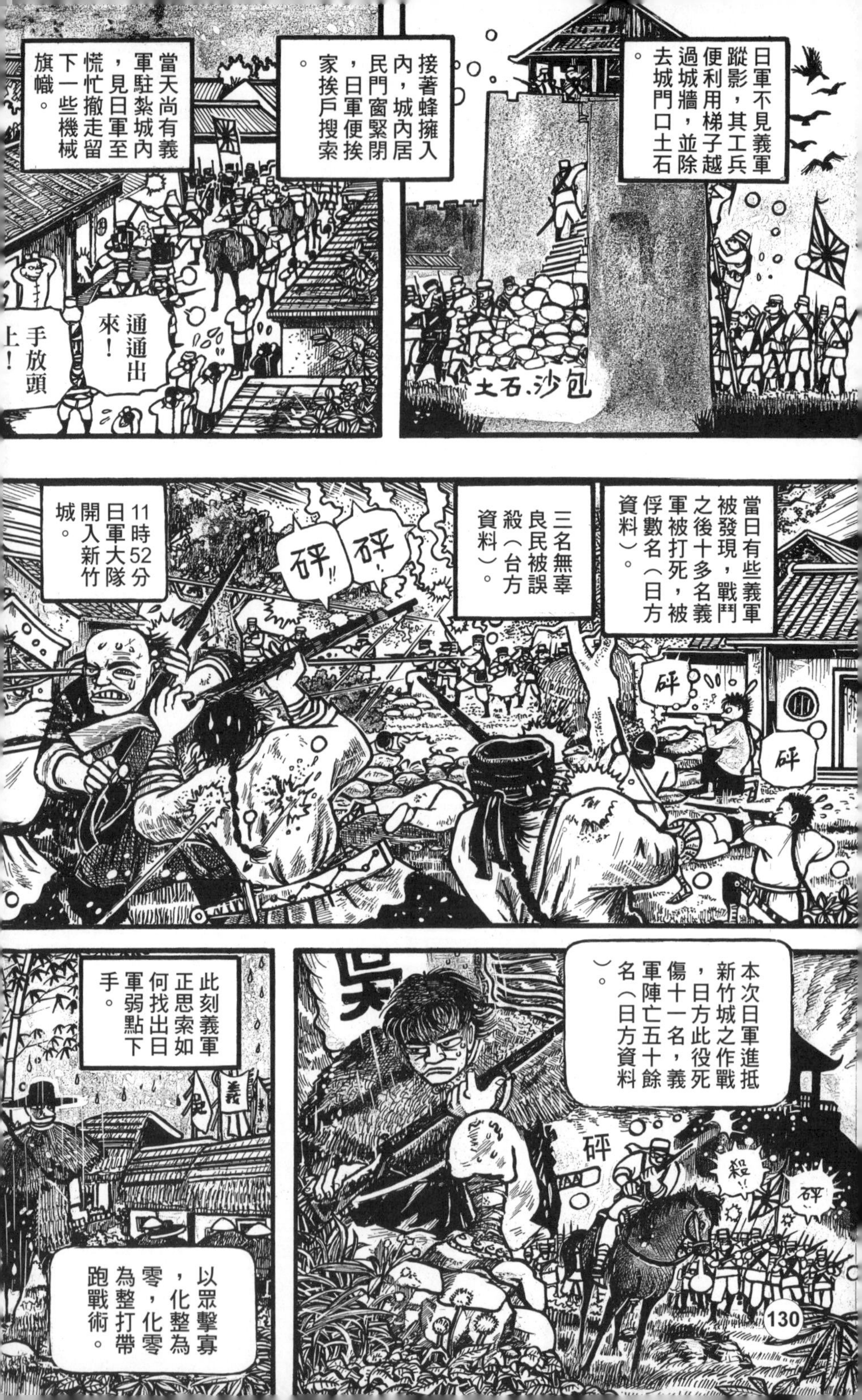
日軍不見義軍蹤影，其工兵便利用梯子越過城牆，並除去城門口土石。
土石、沙包
接著蜂擁入內，城內居民門窗緊閉，日軍便挨家挨戶搜索。
當天尚有義軍駐紮城內，見日軍至，慌忙撤走留下一些機械旗幟。
通通出來！
手放頭上！
當日有些義軍被發現，戰鬥之後十多名義軍被打死，被俘數名（日方資料）。
三名無辜良民被誤殺（台方資料）。
11時52分日軍大隊開入新竹城。
砰！！
砰！
砰
砰
本次日軍進抵新竹城之作戰，日方此役死傷十一名，義軍陣亡五十餘名（日方資料）。
砰
殺！！
砰
此刻義軍正思索如何找出日軍弱點下手。
以眾擊寡，化整為零，化零為整打帶跑戰術。

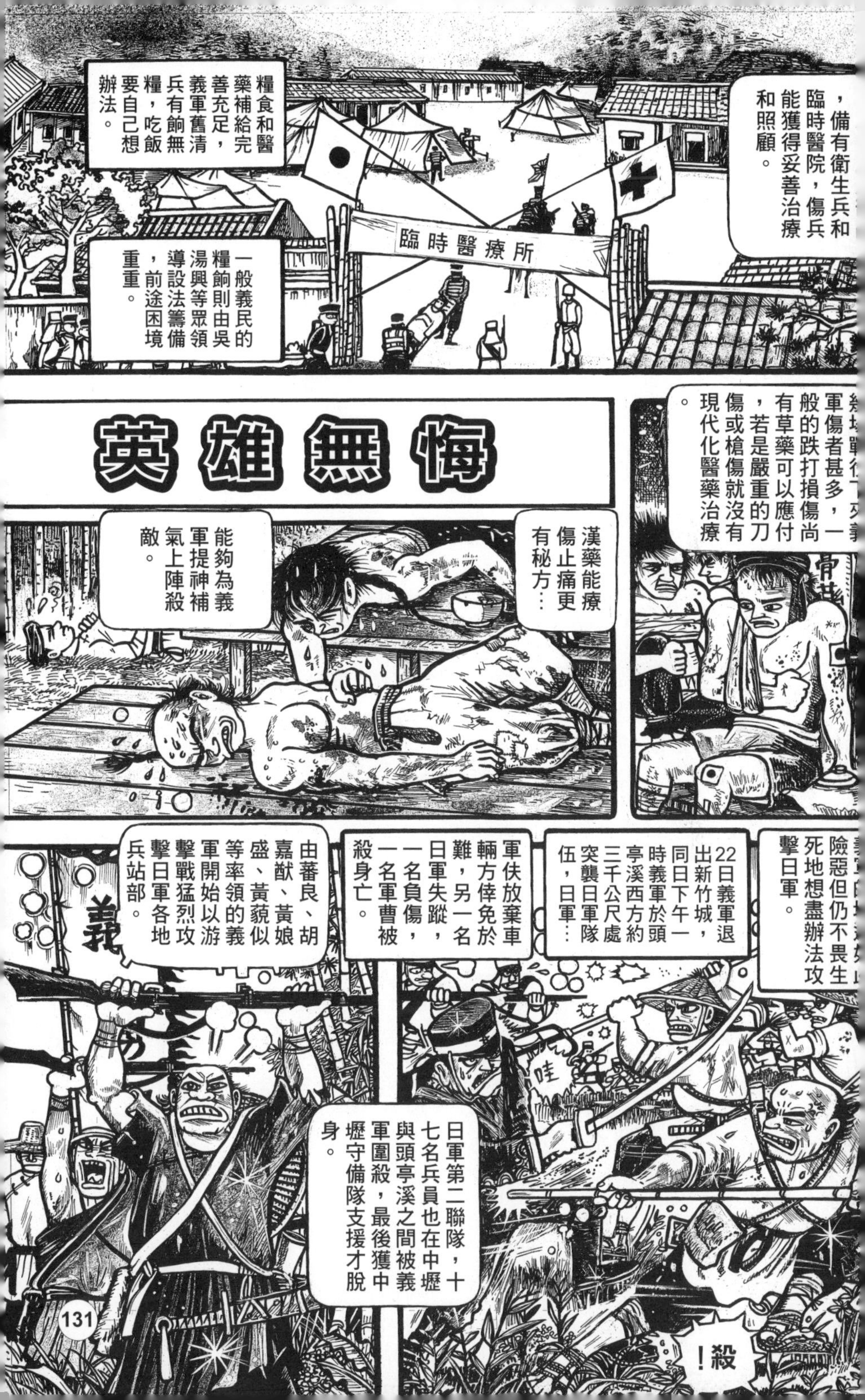
，備有衛生兵和臨時醫院，傷兵能獲得妥善治療和照顧。
臨時醫療所
糧食和醫藥補給完善充足，義軍舊清兵有餉無糧，吃飯要自己想辦法。
一般義民的糧餉則由吳湯興等眾領導設法籌備，前途困境重重。
軍傷者甚多，一般的跌打損傷尚有草藥可以應付，若是嚴重的刀傷或槍傷就沒有現代化醫藥治療。
英雄無悔
漢藥能療傷止痛更有秘方…
能夠為義軍提神補氣上陣殺敵。
險惡但仍不畏生死地想盡辦法攻擊日軍。
22日義軍退出新竹城，同日下午一時義軍於頭亭溪西方約三千公尺處突襲日軍隊伍，日軍…
軍伕放棄車輛方倖免於難，另一名日軍失蹤，一名負傷，一名軍曹被殺身亡。
由蕃良、胡嘉猷、黃娘盛、黃藐似等率領的義軍開始以游擊戰猛烈攻擊日軍各地兵站部。
義
哇
日軍第二聯隊，十七名兵員也在中壢與頭亭溪之間被義軍圍殺，最後獲中壢守備隊支援才脫身。
！殺

簡介台灣知府梁景崧
及當時全台各地戰備
當台北失守，幸有候補同知黎景崧出署台灣知府（駐彰化），史道濟出署台灣知縣、羅樹勛出署彰化知縣、羅汝澤出署雲林知縣、李烇出署苗栗知縣，如此中部始略安定。
當黎接署台灣府時，府庫僅存舊槍四千枝，銀兩千兩左右（或七千兩）經濟極為困難。
乃命苗栗縣舉人謝維岳西渡求助南洋大臣張之洞，之洞派河南候補道易順鼎及候選主事陳曇來台視察，謀為接濟。
（又稱帶銀十五萬兩濟黎景崧軍餉，並致書激勵。）
待新竹已失守黎乃於7月26日集台灣、彰化、雲林、苗栗四縣仕紳舉行會議，圖收復台北安定台中。設籌防總局於白沙書院，並大募兵員，並電台南派兵撥餉。又抄封官田數萬畝，徵收未厘什稅充為餉用，副將楊戴雲、知縣史道濟、李烇、羅汝澤等各募勇數百或千人分駐各地，一時中部防務為之一新。
兵力部屬如下：副將楊戴雲率兵駐頭份。
營官梁翊率兵駐新港苗栗一帶。
營官廖世英率部駐八卦山。
知縣史道濟率部駐台灣城。
知縣李烇率部駐苗栗。
知縣羅汝澤率部駐雲林。
當台北棄守，台南各地土匪蜂起，紛亂不止之際，六月廿八日台南紳民議奉劉永福繼任大總統之職，永福拒之，仍繼稱幫辦入駐府城（台南）繼續領導抗日，並設議長議員，糧餉不足乃設官票局、郵票局，整體軍事部屬完整。此時台南道庫僅存七萬兩，府庫亦僅六萬兩，軍需費用浩大，自難應付。
新竹告急飛書
板蕩見忠貞，國亂識忠奸，每次逢戰硬挺的劉永福。
永福乃命羅倚章渡廈門籲各省援助，一面又發官銀票，分一圓、五圓、十圓三種。又發行官錢票，惟經濟仍覺困難，再發行股份票（公債票）名曰安全公司，擬勝利後付息三倍清還。接著各稅加重，最後終因軍費浩大入不敷出，經濟崩潰而失敗。

日軍由於傷患病患增加，因此徵召台灣人苦力支援後勤運輸。
並在新竹城內重施故技收買漢奸。
新竹也有趨炎附勢的台灣人為利甘為日軍鷹犬出賣同胞。
戴維森目睹現況──
他們只是脫下軍服換上各行各業服裝而已。
其實許多抗日軍還留在城裡，看家家戶戶擠滿了男人即可證明。
而且沒辦法區別誰是不是官兵。
不管城內城外，只要日軍落單就會挨冷槍。
常見日軍倒臥街頭但敵人已無蹤影。
砰
報仇！
六月廿三日下午二時三十分，中壢附近抗日軍進攻中壢兵站部（補給站）。
義軍三百人，日軍是近衛師團第一聯隊第三中隊。
日軍派傳騎突圍往桃園求援也被攻擊阻擋。兩軍交戰長達四個半小時，去年清日交戰戰線長達五百餘里，補給站被如此猛烈攻擊還是第一次。
這些⋯⋯
客家悍匪可惡的不像話！
蕃
砰
砰
砰
砰
砰
突擊中壢補給站。
蕃良、胡嘉猷指揮。
報仇！

六月廿五日義軍分兵出擊!!
六月廿五日上午九時，日軍第一聯隊第六中隊保護台北運到新竹的糧食隊伍，來到頭亭溪突遭伏擊。
快下馬備戰!!
砰
砰
由於蕃良等所率義軍極為英勇善戰，中壢日軍獲急報也趕來支援。
砰
前面及左邊都有敵人!
中壢頭亭溪之役
廿五日上午十時五十分，吳湯興、邱國霖等率軍五、六百人從客雅山進攻新竹，以與中壢附近義軍相呼應。
殺日匪!
日軍前哨不敵退入城內由主力第四中隊出戰。
槍砲聲大作，雙方交火熾烈。
第一次反撲新竹城
轟
轟
噠噠噠
噠噠噠噠
!
其實，前一天就有漢奸向日方報告義軍數百名在山內集合，要日軍小心。
邱國霖軍直逼新竹西城門，據守地物或民宅掩護，伺機向城內射擊。
咻
咻
砰
唉，日匪機關砲厲害!?
日軍機關砲、野砲四門全力猛轟，義軍無法前進。
噠噠噠
噠噠噠
西門
難以前進呀。

義軍此次攻擊大多穿棕簑戴斗笠，此日雨勢時停時下。
而另有三人騎馬帶傘，大概是義軍領袖。（本頁日方資料）
噠噠噠
轟
日軍機關砲猛烈射擊。
日軍山砲、野砲不停攻擊。
砲如雨下時義軍找掩體躲藏，砲聲稍歇又立刻集合衝鋒，非常勇敢。（日方資料）
可惡！
敵方看來只是土民不是清軍!?
日軍爆破義軍掩體後，也吶喊衝鋒。
義
唱
殺
殺日匪！
殺呀！
雙方一來一往時退時進，奔竄追逐撲殺對手，雙方皆異常頑強。

砰
砰
砰
轟
義軍以火銃、步槍射擊，並四處遊走奔竄，時隱時現，日砲難以瞄準。
咦？這些賊兵不打了？
直到下午一時四十分才鳴金撤退。領導們重新擬定戰略再發動攻擊。
說來就來，說走就走!?
義軍從西門外撤退。
義軍休息吃飯、喝水，邊研擬作戰策略。
根據此攻城戰觀察……
日匪遠距離用火砲猛轟，中距離則用機關砲掃射，直到最近距離才用步槍射擊。
所以，弟兄們必須找掩體避免被火砲、機關砲傷害，才能進攻到步槍射擊的距離……
儘量找地物掩護才不會死傷過大。
我打算把日匪部隊引到城外山區格殺。
若五人十人聚在一起目標大會被砲擊，所以要分散攻擊避免犧牲太大。
這裡是祖先留下的土地，也是祖墳所在，日匪欲殺我同胞及父母兄弟姊妹，並掠奪吾世代耕耘的土地。
我軍裝備訓練雖然不足，但父母之國哪能隨便放棄，凡有血性同胞誓護國土至死方休。
義士們，休息夠了，我們再到南城門殺日匪。
到目前為止，我們只有戰死，沒有一兵一卒投降。
於是義軍又盤據南門外高丘上朝日軍射擊。
砰
噠噠噠……
賊兵不是每個人都有槍，但都非常
對方好像百姓比較多
開炮!
不怕死的又來了。
這些百姓是誰訓練的？

找掩體！
轟
前進！
咻
轟隆
噠噠ㄉㄉㄉ
南門
轟
是什麼力量驅使他們不怕死？
日軍火砲機關砲如雨下，義軍仍頑強進攻。
沒想到我方…
這麼勇敢。
兩軍一來一往交戰，有許多民眾在屋頂觀戰。
日軍第一中隊從東門趕來支援。
快
快到南門支援。
快啊！
南門日軍火力頓時猛烈。
鏘
鏘
弟兄們，撤退吧！
此時為下午四時十分，雙方已激戰數小時。
坑竹林內再戰！
把日匪引出城才容易消滅！
邱國霖
日軍騎兵隊和搜索隊立即出城追擊。
砰
砰
碰
是時來訊有另一支義軍下十八尖山攻擊新竹城西門，令日軍緊張惶恐。
退到香山坑埋伏。
晃
被追上的數名義勇遭射殺。
哇
呀

追擊騎兵在樹林深處遭受伏擊，慌忙撤退。
哇
砰
砰
退兵！退兵！太危險了。
竹林就是我們的城堡啊。
鬼子少了大砲機關砲就被我們打得像
砰
砰
來送死吧。
下午十六時十分兩軍各自收兵，日方資料日軍斬獲了少許義軍。
義軍則聲稱雙方死傷不多。
當代學者軍事分析
我覺得這都不正確，因為雙方從上午十時起⋯
打到下午四時多，近五個小時的戰爭怎麼是雙方沒什麼傷亡。
也許日軍作假戰報，而義軍方面則是無法掌控死傷資訊。
日軍是殘酷部隊，雙方接觸義軍必死傷慘
吳湯興、邱國霖率軍返山中，已知日軍頑強不易攻取，非結合各路大軍圍攻不能取勝。
新竹戰事暫歇息，且說大湳尾頭亭溪之戰。
義民張兆麟、徐子勳、宋阿榮等率數百攻擊中壢補給站，後日軍大隊馳援，潘良、邱明琳、黃德、謝乞、張生、陳富、劉秋、劉長、彭相、徐傳、趙英⋯
胡元等，響應進攻新竹城，率數百人據大湳尾與南援日軍交戰。
日軍每攻陷一戶民宅必放火燒毀以示洩憤，害善良農民無家可歸。
殺
日軍涉谷大隊長似殺紅了眼，揮刀入林，槍刀並用與義軍格殺。
日軍二次衝鋒，均不敵敗退，便冒死四處焚燒房屋洩憤

頭亭溪之戰，主將蕃良及數十名部下於此役壯烈犧牲。
敗退義軍轉投它處抗日基地。
日軍歹毒搜集燃料燒盡附近村舍，居民奔逃無家可歸。
蕃良，桃園縣大溪兵營統領余清勝麾下部將，因余清勝降日，蕃良遂率眾轉投義軍，成為安平鎮附近義軍領袖。
日軍研擬全力消滅各地補給站附近義軍。
集合工兵、步兵、砲兵、騎兵多路圍殺安平鎮土賊。
戰役日期
六月廿八日、七月一日
六月廿八日先試探，七月一日總攻擊。
血戰安平鎮
七月十日精銳盡出續攻新竹城
吳湯興、傅德星陳澄波、楊戴雲姜紹祖、徐驤等各領導研議以大軍及龐大槍隊再攻新竹城。
日期未定。
傅德星攻東門。
陳澄波攻西門。
姜紹祖、徐驤各領隊支援。
十八尖山及虎頭山設砲伏擊追擊日匪。
我做先鋒攻南門，戴雲後衛支援我。
軍事會議地點：頭份。
每人皆帶一枝鎗，彈藥要充足。
此役，遭林朝棟遣散的兵員，全部投入戰鬥。

位在中壢東南方的安平鎮有一堅固易守難攻的村舍堡壘，由胡嘉猷、黃娘盛、黃藐似領導義軍固守，並隨時攻擊附近日軍補給站。
此地義軍饒勇善戰，造成日軍後勤補給極大傷害。
噗
許明、大成、小江等義民奉派支援安平鎮。
一米多竹圍牆
村舍堡壘簡介
6月28日
水溝竹刺
土牆槍眼
屋舍槍眼
土牆槍眼
中壢補給站屢遭攻擊，義軍神出鬼沒，日軍遂於中壢集一大隊應戰。
經線民通報義軍據點在安平鎮，近衛師團下令三木少佐率軍攻擊
老虎頭岡
哎
砰
哇

義軍早獲情報，胡嘉猷、黃盛娘率眾埋伏於老虎頭岡伏擊。
砰
砰
砰
啊
胡嘉猷（字阿錦）
黃盛娘（字念初）
伏擊義軍人少不利久戰，且戰且退撤至民宅掩堡內繼續作戰。
砰
砰
因竹圍和土牆極厚，子彈不易穿透，因此義軍極佔優勢，日軍便欲攀竹攻入大厝。
被義軍擊殺於竹圍，日軍數度進攻皆被殺回。
由於義軍的奮勇作戰，及防禦工事堅固。
砰
砰
哎呀
喔
日軍無法得逞便退回中壢。

此次賴各義士同心協力小勝一場，但日匪不會就此罷休。
他日必全力來犯，不能掉以輕心。
日匪殺我父母兄弟姊妹，殘暴無恥，我們不分男女老少都要奮勇殺敵。
我大清子民誓不服寇！只有決戰才能保住我客家血脈。
胡
胡
義
黃
勇
7月1日上午七時三十分，日軍步兵、工兵、砲兵大舉攻擊安平鎮。
哇
砰
清國奴別走！
燒光、殺光！
沿途民房皆被燒毀，民眾四散奔逃。
逃呀！
日匪來了，逃呀！
步兵工兵包圍義軍堡壘，砲兵猛轟大厝。
轟
轟

日軍經前日經驗，便從老虎頭岡高地發砲攻擊。
並且採取東南西三面夾攻。
義軍利用土牆掩護射擊。
砰
步兵工兵則欺近以棉炸藥爆破竹圍。
日卒搶攻與迫近爆破竹圍，死傷甚多。
上等兵大森
中村軍曹
衝
咻
砰
砰
上等兵
橫山利助
巴該牙落!!
不久，障礙逐漸被毀，大厝也被炸中。
轟
堡內也有一門舊砲，用之轟擊日軍砲陣，一砲即中。
第二聯隊第三中隊
殺
殺
砰

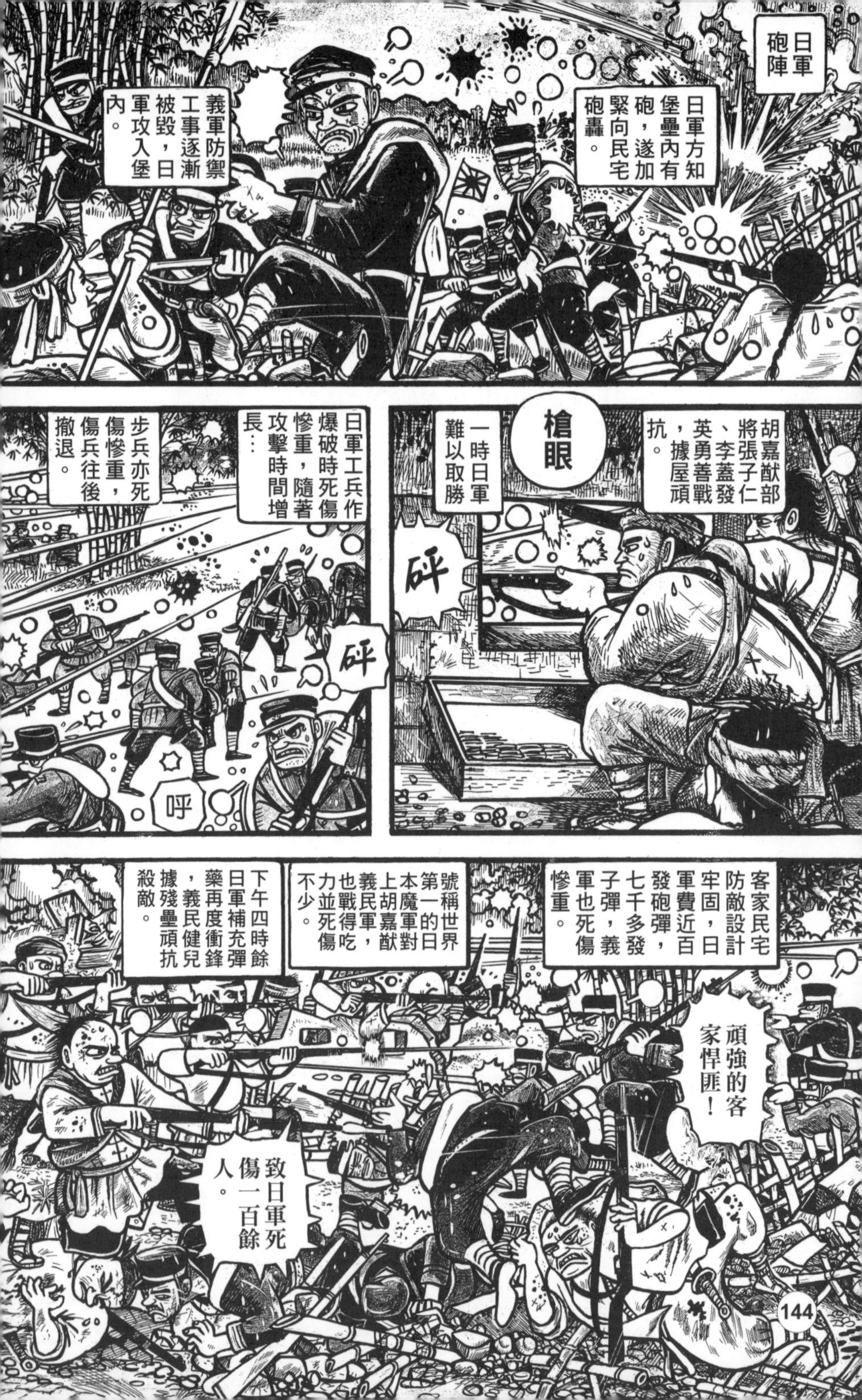
日軍砲陣
日軍方知堡壘內有砲，遂加緊向民宅砲轟。
義軍防禦工事逐漸被毀，日軍攻入堡內。
胡嘉猷部將張子仁、李蓋發英勇善戰，據屋頑抗。
槍眼
一時日軍難以取勝
砰
日軍工兵作爆破時死傷慘重，隨著攻擊時間增長…
步兵亦死傷慘重，傷兵往後撤退。
砰
呼
客家民宅防敵設計牢固，日軍費近百發砲彈，七千多發子彈，義軍也死傷慘重。
號稱世界第一的日本魔軍對上胡嘉猷義民軍，也戰得吃力並死傷不少。
下午四時餘日軍補充彈藥再度衝鋒，義民健兒據殘壘頑抗殺敵。
頑強的客家悍匪！
致日軍死傷一百餘人。

日軍採取三面包抄圍攻，野砲機關砲猛轟猛射，從早上7時許打到下午6時餘，
轟
砰
雙方死傷都逐漸增加。
砰
砰
直到黃昏視線不佳日軍才收兵回中壢。
日軍此役領教到客家義民的強悍英勇，只一民宅圍牆就讓他們疲於奔命損兵折將。
撤退！
走啊！
退兵
雙方傷亡人數甚多，善後問題都令雙方頭痛。
不是只有咱不怕死，這些客家悍匪也同樣不怕死。
本日大厝被炸，水井被塞，無水可飲。胡嘉猷遂率領村民轉戰龍潭坡。
弟兄們…
日鬼魔軍不過如此而已，我客家勇士雖然傷亡較多，但仍與它一戰並讓其收兵。
此地無法再守，我們立刻到龍潭坡再從長計議。

許明等三人久戰疲累，遂轉往大斜崁方向山區休息。
誰知數日後日軍便抵達此地。
大溪（舊名大斜崁）龍潭（舊名龍潭坡）
此時大斜崁和三角湧一帶已風聲鶴唳，枕戈待敵。
新竹附近義軍由吳湯興等籌畫於近日反攻新竹城。
安平鎮棄守了。
散居各處義軍莫不摩拳擦掌準備殺敵
奪回新竹城。
安平鎮棄守，新竹縣附近的新車、古車義民知日軍將來襲，日夜守備不敢掉以輕心。
此地義民常截殺日軍傳騎，令日軍恨之入骨。
小心
日匪下一個目標就是這裡。
果不其然，日軍於7月4日突然出中壢襲擊此地義民。
附近房舍全部燒光！
阪井支隊
賊徒堡壘牢固，先猛烈砲轟後再衝鋒。

轟
日軍又是一陣猛烈砲擊，接著佔據制高點俯射。
砰
砰
轟
義軍奮勇抵抗，尋找有利地形物躲藏射擊。
轟
緊接著日軍放火，火勢熾烈濃煙密佈，雙方交戰殘酷血腥。
百姓義勇軍裝扮之一。
日軍勢眾火力強，強攻入宅舍。
砰
砰
義軍不支撤退。
義民當場陣亡17人傷者甚多，此役日軍傷亡不詳。
衝
日魔鬼兵團平時甚自傲，如今受挫，甚為懊惱，入莊後連傷者也殺……
放火燒屋之外連義民留下物品也燒
不留活口！殺光燒光！
古車、新車之戰新竹以北義民據點已被全部攻陷。

三路義軍反攻新竹城激戰
驅逐邪惡
混成枝隊
日本近衛師團第二旅團本擬由海路直攻台南，但無法實行，七月三日由基隆上岸，日軍兵勢大增，便分兵增援新竹城。
近衛師团
義

六月廿五日義軍圍攻新竹城之戰難以成功，知日軍戰力強大。
須大軍才能取勝，湯興又於七月九日夜集大軍分三路自頭份出發進攻新竹城。
傅德星負責攻東門，陳澄波負責攻西門，湯興攻南門，楊戴雲繼後策應。
姜紹祖、徐驤各自領軍跟進，擬定七月十日凌晨圍剿日軍。
義
姜
可恨漢奸已向日軍提供義軍行動情報。
城內日軍早做好防備工事。
七月十日凌晨4時30分。
義軍自新竹城東山丘上發動攻擊。
官兵原棟字營砲隊由傅德星指揮猛轟東城門。
七厘米砲五門。

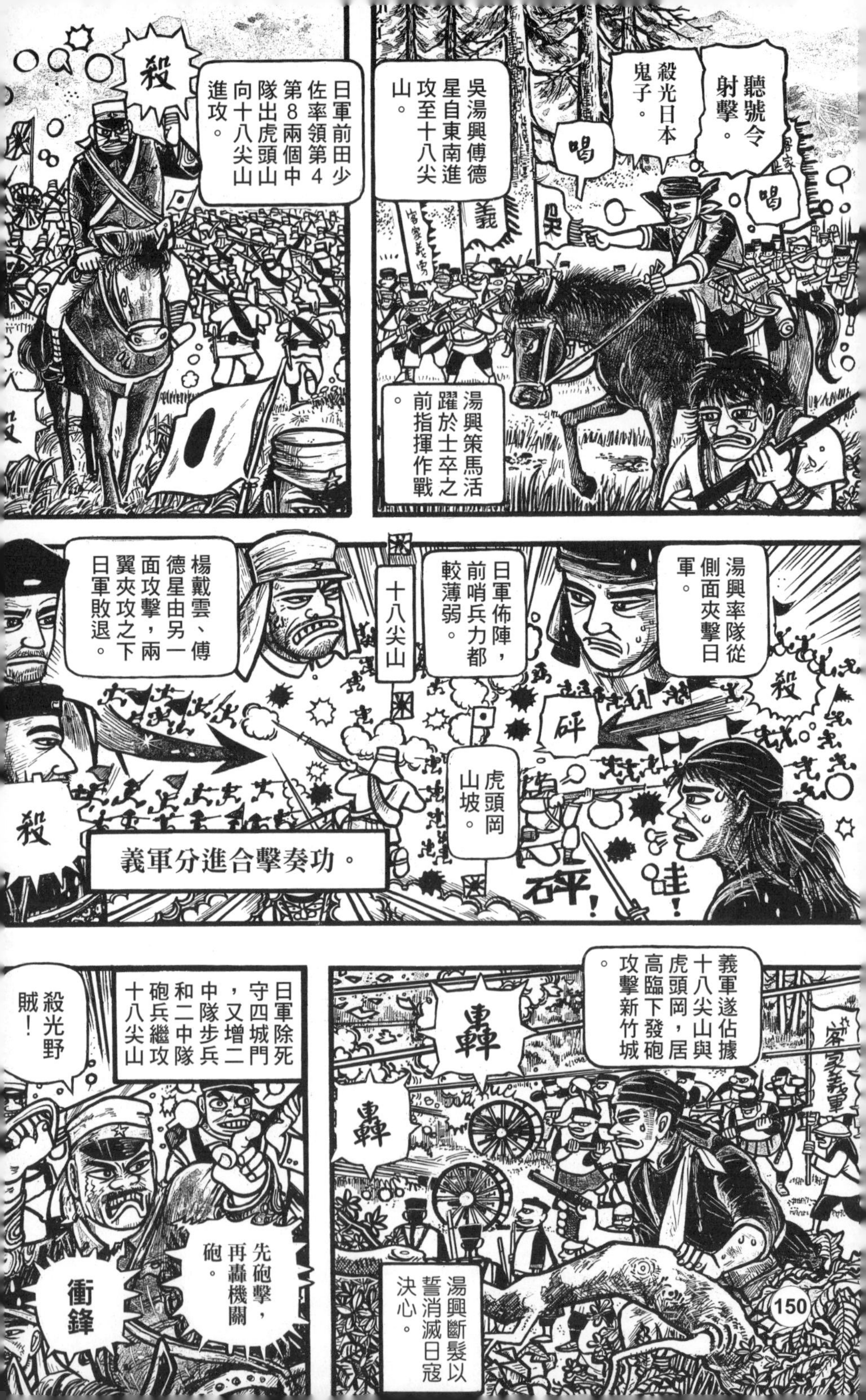
聽號令射擊。
殺光日本鬼子。
喝
喝
吳
義
吳湯興傳德星自東南進攻至十八尖山。
湯興策馬活躍於士卒之前指揮作戰。
日軍前田少佐率領第4第8兩個中隊出虎頭山向十八尖山進攻。
殺
殺
湯興率隊從側面夾擊日軍。
日軍佈陣，前哨兵力都較薄弱。
十八尖山
楊戴雲、傅德星由另一面攻擊，兩翼夾攻之下日軍敗退。
殺
砰
虎頭岡山坡。
殺
義軍分進合擊奏功。
砰！
哇！
義軍遂佔據十八尖山與虎頭岡，居高臨下發砲攻擊新竹城。
轟
轟
客家義軍
湯興斷髮以誓消滅日寇決心。
日軍除死守四城門，又增二中隊步兵和二中隊砲兵繼攻十八尖山
殺光野賊！
先砲擊，再轟機關砲。
衝鋒

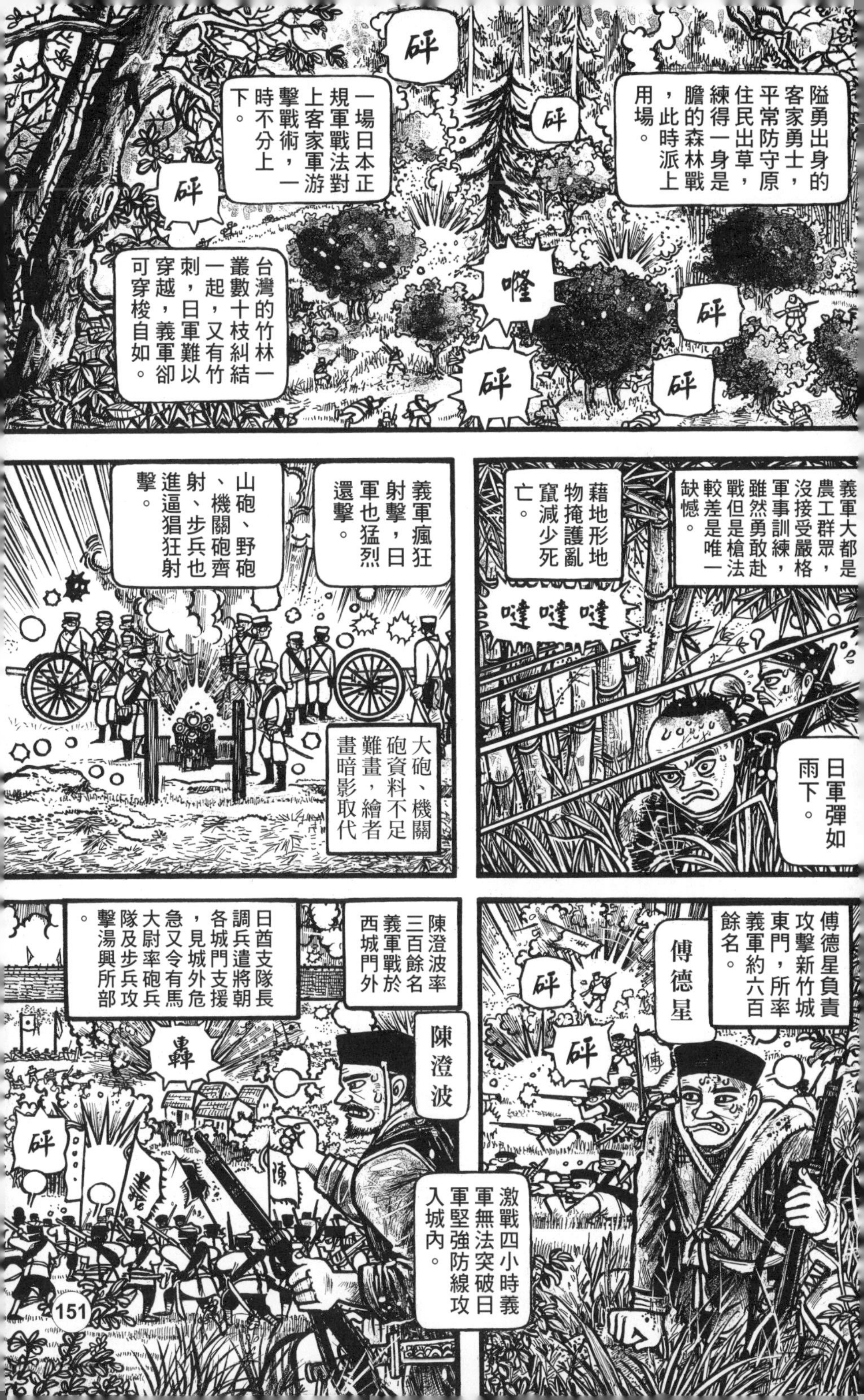

隘勇出身的客家勇士，平常防守原住民出草，練得一身是膽的森林戰，此時派上用場。
砰
一場日本正規軍戰法對上客家軍游擊戰術，一時不分上下。
砰
砰
台灣的竹林一叢數十枝糾結一起，又有竹刺，日軍難以穿越，義軍卻可穿梭自如。
砰
砰
砰
義軍大都是農工群眾，沒接受嚴格軍事訓練，雖然勇敢赴戰但是槍法較差是唯一缺憾。
藉地形地物掩護亂竄減少死亡。
噠 噠 噠
日軍彈如雨下。
義軍瘋狂射擊，日軍也猛烈還擊。
山砲、野砲、機關砲齊射、步兵也進逼猖狂射擊。
大砲、機關砲資料不足難畫，繪者畫暗影取代
傅德星負責攻擊新竹城東門，所率義軍約六百餘名。
傅德星
砰
砰
陳澄波率三百餘名義軍戰於西城門外
陳澄波
日酋支隊長調兵遣將朝各城門支援，見城外危急，又令有馬大尉率砲兵隊及步兵攻擊湯興所部。
轟
砰
激戰四小時義軍無法突破日軍堅強防線攻入城內。

軍事檢討會議
軍官
此次賊兵每人都有步槍，並運來大砲，真不可思議。
根據情報，前總兵林朝棟部下支援賊兵。
賊兵才會有這麼強大的火力，不過更多的是訓練不足的平民賊兵。
軍務分析
台灣抗日戰爭研究工作室
日軍勢強，義軍便分散撤退，日軍撤退時義軍便追擊。
孫子兵法
如此時攻時退，咬著敵軍尾巴攻擊的游擊戰奏效。
義軍在抗敵但有更多的同胞袖手旁觀令人錯愕。
倭寇
番狗
殺
雖然有資敵漢奸，但更多的是英勇抗日的英雄。
加油！
避實擊虛遊走突擊是義軍拿手戰術。
轟
吳湯興所率義民在十八尖山進攻好幾次。
和日軍戰得不分上下，終因彈藥等後勤補給不足及沒有
援軍，逐漸後繼無力但仍苦撐。
砰
此刻，西門日軍又支援東門，湯興見情勢不對立即收兵退向東南方。
砰
此役客、閩各路戰士拚死力殺，日軍也頑強作戰。
客家和福佬聯合抗日啊。
閩南人
觀戰的新竹人。
想不到…
客家人
我們客家人這麼會打仗。
跟日本人打得不相上下呀，了不起。

日軍殺出城後於客仔溪崩崁一帶遭遇陳澄波部隊，日軍用伏擊。
砰
陳澄波部隊
砰
澄波部隊轉入甘蔗園由內向外射擊，日軍則將甘蔗園團團圍住向內射擊。
砰 砰 砰 砰
新竹城西外圍。
砰 砰
如此相互攻擊數小時。
日軍久戰不耐又恐城內有失，遂引軍回防支援城內。
撤退！
澄波見日軍退也引軍撤退。
呼
徐驤率部負責攻新竹城北，出新埔庄到達欄干橋，知友軍正與日軍激戰，便南下助戰。
弟兄們！
城外砲聲隆隆。
去殺日本鬼！
日方以一個中隊迎戰徐驤義民軍。
本隊截戰土勇。
砰 砰

我軍躲入竹林誘日匪深入再殺之！
忙於軍事一個多月沒理髮。
徐驤精明率部入竹林天然堡壘向外射擊。
阿城，快跑！
日軍不敢進入，只好環林射擊。
台灣竹林茂密刀槍不入，日軍子彈皆被彈回，無法擊中義軍
砰
砰
竹林之密是日人難以想像的
怎麼辦？
徐驤又出奇策。
後方一處險地不易攀爬所以沒有日軍，我軍半數人從那兒繞到日軍後面。
幹部
然後前後夾攻。
樹林
義軍竹林
日軍
好長一段路，義軍抄到日軍後方。
陡坡雜樹混雜穿行困難。

義民 徐財
徐財曾是隘勇…
被漢奸陷害密報徐是義軍，城內家人被日軍搜捕偵訊下落不明，徐財為報仇與避免被害也投入義軍陣營。
一定是漢奸密告我是義勇軍，可惡！
恐懼 反感 報仇
良民被迫變成抗日志士。
義民 彭明
日匪砲擊，彭明父母妻兒皆被炸傷，因無法送醫死亡，誓殺日寇報仇。
強烈的復仇心，農夫變成勇敢的戰士，不怕飢餓和痛苦
潛伏前進接近敵人
日軍尚未發覺。
近刺遠射。
殺
哇！賊兵！
砰
叱！

土匪!?
後面又來了一隊賊兵。
砰
砰
砰
砰
偷襲槍聲一響，徐驤率部朝竹林外猛烈射擊。
砰
砰
砰
日匪逃走了！
轟
砰
日軍以為又來了一隊義軍，遂不敢戀戰且戰且逃。
徐驤所部獲勝，之後也回原駐地。
姜紹祖民軍此時抵達
紹祖率五百餘義民經十八尖山東側直撲新竹城東門。

姜紹祖幼名金韞，別號纘堂。原籍廣東省陸豐縣鹽墩鄉，乃開發北埔墾戶首姜秀鑾曾孫。父祖父姜殿邦考進武生入泮。父榮華生三子，兄弟皆早逝，紹祖曾以監生資格赴福州秋闈，未錄取。
十九歲結婚，娶頭份陳滿妹為妻，隔年清日交戰，紹祖立即奔走國事，訓練民軍敢字營於桃澗堡南崁。日軍侵台之際，紹祖散家產募勇，號稱纘字軍，與各地義軍結盟抗日。
纘字軍攻進枕頭山（今中山公園），但攻城盟軍已退卻，孤軍陷入敵陣立即被衝成二段截殺，眾勇士無作戰經驗又孤立無援
殺
砰
砰
纘
敢
纘字軍義民皆農村青年，最小的只有十六歲。猶如童子軍槓上邪惡魔軍，後果可怕至極。
阪井聯隊長命砲隊後撤。
步兵二小隊向前攻擊。
纘字軍準備攻佔火車站，受阻退入附近大廈及村舍。
哇！日匪愈來愈多。
大家入房舍據屋作戰。

紹祖率軍入新竹火車站附近黃姓大廈內戰鬥，其他義民也進入附近民宅攻防。
砰
砰
砰
殺
殺
砰
賊兵躲入民宅了，派大軍包圍並用砲擊。
新竹火車站附近。
快調東方山丘上砲兵過來支援。
紹祖計劃殺出重圍，為義民膽怯者所阻。
砰
我軍勢單孤力無援，殺條血路離開吧。
可是出去無可掩蔽如何作戰。
於是兩軍相持，日軍難以攻入。
砰
砰
砰
砰
砰
砰
砰
野人賤奴敢擋我天皇神兵？
十七時阪井大佐率大隊步、砲兵攻擊，紹祖軍危矣。
賊奴躲屋內！
跑不掉了。

快黃昏了。
糟糕，快沒有子彈了。
轟
哎呀
呀
纘字軍所據房舍被破壞，彈盡援絕無路可逃。
日軍猛烈攻擊又放火燒屋。
樓上義民被燒死者約三、四十人。
日方資料。
壯志未酬身先死！
再困守下去會被全部殲滅。
砰
沒有子彈後義民抵抗力全失。
砰
大家衝出去各自逃走吧！

衝啊！
紹祖傳令義軍各自突圍，於是有一百十餘人從掩體後衝出。
砰
賊兵要逃走了！
射殺
突圍者百十餘人皆被射殺。
啊
砰
官軍
不投降者一個不留。
喔
殺得過癮啊。
巴該牙落！
我們不能白白枉死！
百十餘人成為一堆屍體，慘不忍睹。
楊阿品你把這支白旗插到門外。
只好忍辱偷生。

楊阿品現身門外即刻被打死，但日軍已看到了降旗。
哇
日軍近前催義軍陸續離開掩體。
之後，並不就此罷休。
放下刀槍慢慢走出來！
把賊首姜紹祖交出來。
才能免你們一死。
誰是姜紹祖？
把賊首姜紹祖交出來，才能免你們一死，快說！
客語翻譯
我們已經投降。
何必欺人太甚。
勇敢的義民挺身反抗
喂
啊
哼
唱
告訴他們乖乖就範，否則通通殺掉。
把這些賊匪綁起來拷問。
是！

哎
巴該牙落!!
混蛋!
義民被綑綁之後許多被捉出來拷打逼問紹祖下落。
混蛋!
說!
哇!!
啊!
我們已經投降，為何如此凌虐俘虜。
喔!?
啊
可惡!
有義民憤怒不平挺身責罵日軍。
好大膽的小子，竟敢出言反抗!?
你們不該殘忍對待投降者。
日軍立刻將此情況上報。
……

將反抗者就地槍斃！
預備
可惡日本狗。
就地槍斃！！
言詞反抗者立即被殺。
砰
日本狗畜生！
砰
砰
哇
日軍對義軍不以戰俘對待
四腳畜生！
四腳畜生！
高毛大畜生！

啪
哈哈！
不供出賊首還敢頂撞！
這些支那賊民無價值，殺光
哈哈！
眾軍官
賊匪畜牲！
巴該牙落！
可憐義民一路被拳打腳踢或槍托毒打，有的甚至髮辮被揪綁在一起帶回城內禁錮。
巴該牙落！
四腳畜生！
被捕到敵營必有漢奸認出我。
我終將一死，可憐禍及年邁老母、妻子…
哈哈哈，據說大盜姜紹祖所率土匪有上萬人，不過數百而已。
回去拷問就知
哈哈，大獲全勝。

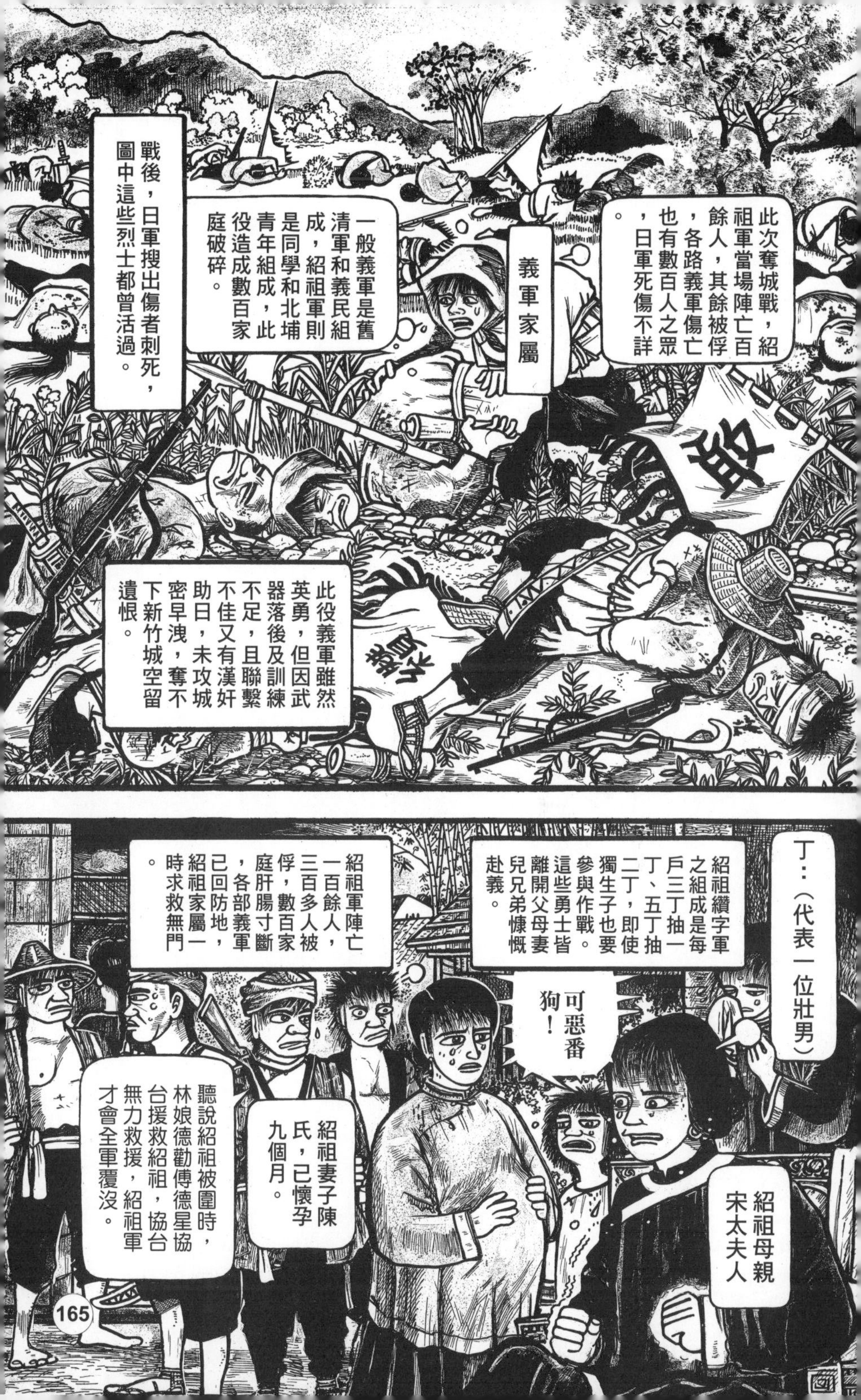
此次奪城戰，紹祖軍當場陣亡百餘人，其餘被俘，各路義軍傷亡也有數百人之眾，日軍死傷不詳。
義軍家屬
一般義軍是舊清軍和義民組成，紹祖軍則是同學和北埔青年組成，此役造成數百家庭破碎。
戰後，日軍搜出傷者刺死，圖中這些烈士都曾活過。
此役義軍雖然英勇，但因武器落後及訓練不足，且聯繫不佳又有漢奸助日，未攻城密早洩，奪不下新竹城空留遺恨。
丁：（代表一位壯男）
紹祖纘字軍之組成是每戶三丁抽一丁、五丁抽二丁，即使獨生子也要參與作戰。這些勇士皆離開父母妻兒兄弟慷慨赴義。
紹祖軍陣亡一百餘人，三百多人被俘，數百家庭肝腸寸斷，各部義軍已回防地，紹祖家屬一時求救無門。
可惡番狗！
紹祖母親宋太夫人
紹祖妻子陳氏，已懷孕九個月。
聽說紹祖被圍時，林娘德勸傅德星協台援救紹祖，協台無力救援，紹祖軍才會全軍覆沒。

民國四十三年二月訪問抗日老兵湯錦輝談當年一段作戰事蹟。
湯錦輝被訪問時已高齡八十一歲
當年投降後，番兵將我們髮辮子結在一起。
嗯
我看到戰友羅阿生略作反抗，立即被番兵用刺刀插入胸部。
紹祖篇珍貴史料由竹東鎮楊鏡汀校長提供。
哎呀
大家心中充滿怨恨，心想只要能夠活命定報此仇。
嗚
番狗！
哈哈
路過東門河溝三板橋，日本鬼子橋上過，義軍走橋下。
日本鬼子故意用力拉扯義軍髮辮。
有時毛辮頭皮都被吊起來！
哈哈
哇呀，痛死了！
番狗！
若能生還必報此仇！
誓殺番狗！
166

到達日軍營頭俘虜被分成三隊，日軍重新拷問誰是姜紹祖!?不回答者就被殺死。
從第一隊殺起。
殺光!
這不是人!
誰是姜紹祖!?
呀
禽獸
嗚
拿畜生…
唰
練劍。
日軍瘋狂斬殺第一隊百餘人被殺光。
啪
紹祖義僕杜姜出來冒充主人。
啊
我是姜紹祖，殺了我吧。
喔
可惡!
承認的也殺掉。
紹祖義僕親兵—杜姜。

唉
杜姜立即被圍殺，日軍仍不罷休。
殺第二隊！
練劍！
可恨的日本番狗。
砍頭！
喝
殺！
第一隊被殺光又開始殺第二隊。
太暗，你殺了幾個？
番狗
可惡
數不清了，你呢？手痠了吧。
第二隊死一個，第三隊被放過。
早知道就不投降。
嗚哼！
日軍殺累，剩下的改日再殺。

紹祖軍覆亡，其原因是眾義軍退兵後他才孤軍深入、以寡敵眾。其二林娘德請傳德星往救，傳軍也傷兵累累，兵疲馬乏無力往救，致紹祖軍被滅。
林娘德是竹東頭重埔林其德，客家人叫他娘德。
紹祖老母宋太夫人聽說愛子被俘，攜銀兩親自前往求兵救子。
目前義軍兵疲無力反攻，
您去城內必凶多吉少。
太夫人走到竹東托盤山才被勸回。
你們都可以投降，聽說日匪只殺首領，部下會釋放。
我已決心一死免得連累你們，請交代家人和同學說我死無怨言。
蕭阿尤你身上帶的煙膏精讓我吃下自殺吧。
蕭阿尤
7月11日農曆5月19日

紹祖英姿
之後紹祖食鴉片膏精自殺身亡。時7月11日。
邊戍孤軍自一支，九迴腸斷事可知，男兒應為國家計，豈可偷生降敵夷。
姜紹祖成仁前自輓詩
天亮後有一位福建學老人來問。
哪一位是姜紹祖，叫他出來。
他昨晚已自殺殉國了。
嗚嗚……
砲鎗利劍風雲會，師出無功五丈原，十八尖山黃宅處，當年遺難恨長存。
邱芝汀輓詩
紹祖死後，其母宋太夫人前往認屍，（紹祖手有玉環為證）母親將他遺體安葬。

湯錦輝等義民被拘禁的二十多天中，每日有人被捉出去殺，他形容義民就像籠中待宰的雞。
有一天，七十餘人被日軍用火車載到台北的牢房，大家遂做逃獄計劃，幾天後的晚上大家越過獄牆逃亡。
結果尚有多數未逃出，也有十多名被捉回來，以後便被加上手銬腳鐐，並時時拳打腳踢。
並常跪整天，大家不叫苦反期待活著出去必報此仇。
二十五天後湯錦輝與其他義民被放回鄉，活著的不知剩幾人。
紹祖妻子陳氏為頭份望族，秉性賢淑，紹祖殉國32天後生下一子，命名振驤。
陳氏繼夫志，撫遺孤成人，節凜冰霜，終其餘年。
振驤後為竹東有名紳士。
在這黑暗的時代，人民只好咬牙忍耐。

今楊梅火車站

今中壢火車站

日軍從台北沿鐵道入侵新竹城。目前楊梅段鐵道景觀。

新竹東門城樓，日軍由此進城。

今新竹火車站

龍潭坡，現在的龍潭觀光大池。

三峽鎮長福巖祖師廟

桃園縣大溪鎮街景（牌樓）。

長福巖祖師廟供奉之祖師金身。

抗日軍出戰前，都會到各大廟小廟祈求神明保佑。

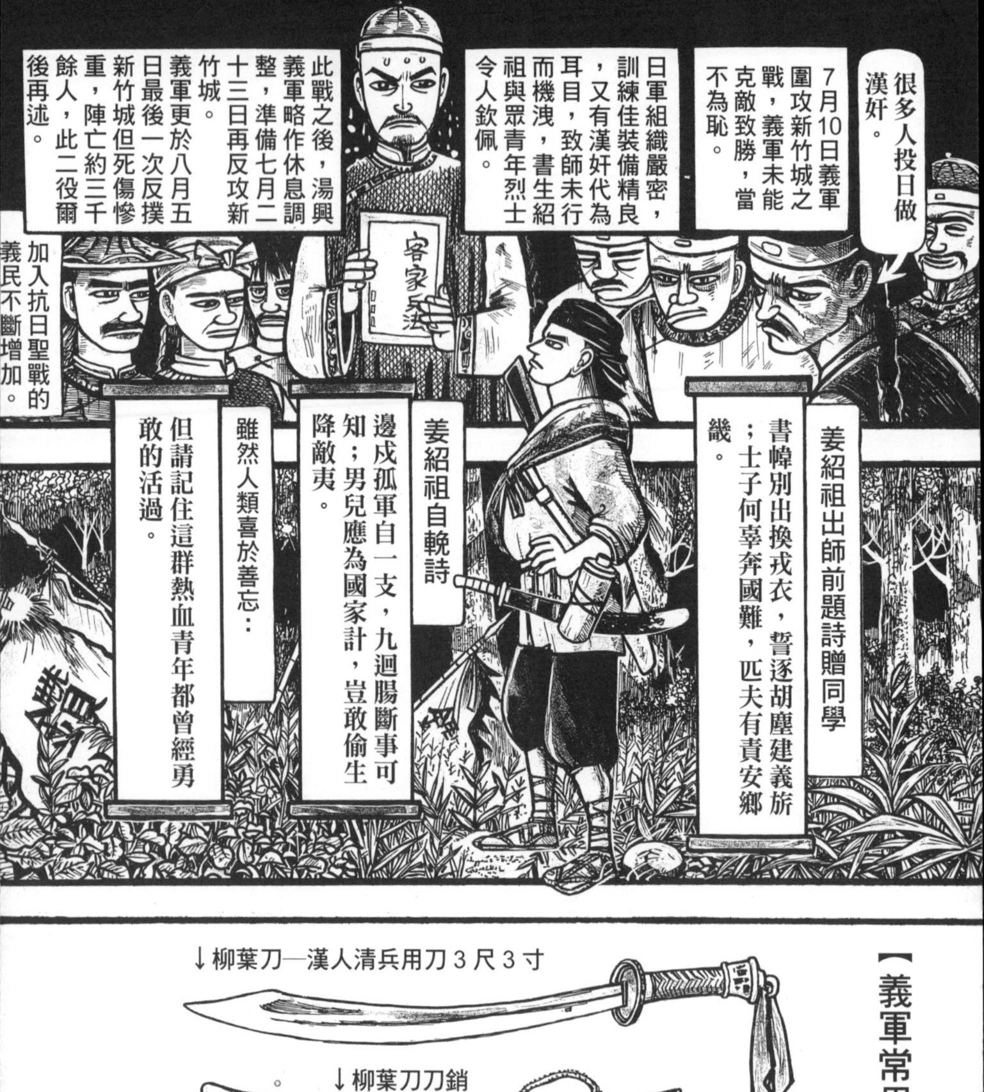
很多人投日做漢奸。
7月10日義軍圍攻新竹城之戰，義軍未能克敵致勝，當不為恥。
日軍組織嚴密，訓練佳裝備精良，又有漢奸代為耳目，致師未行而機洩，書生紹祖與眾青年烈士令人欽佩。
此戰之後，湯興義軍略作休息調整，準備七月二十三日再反攻新竹城。義軍更於八月五日最後一次反撲新竹城但死傷慘重，陣亡約三千餘人，此二役爾後再述。
加入抗日聖戰的義民不斷增加。
客家兵法
姜紹祖出師前題詩贈同學
書幃別出換戎衣，誓逐胡塵建義旅；士子何辜奔國難，匹夫有責安鄉織。
姜紹祖自輓詩
邊戍孤軍自一支，九迴腸斷事可知；男兒應為國家計，豈敢偷生降敵夷。
雖然人類喜於善忘：
但請記住這群熱血青年都曾經勇敢的活過。

【義軍常用刀械之一】

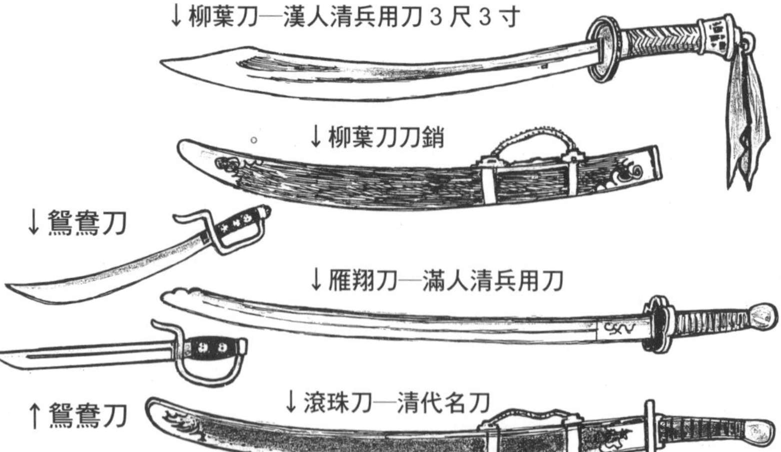
↓柳葉刀—漢人清兵用刀 3 尺 3 寸
↓柳葉刀刀銷
↓鴛鴦刀
↓雁翔刀—滿人清兵用刀
↑鴛鴦刀
↓滾珠刀—清代名刀

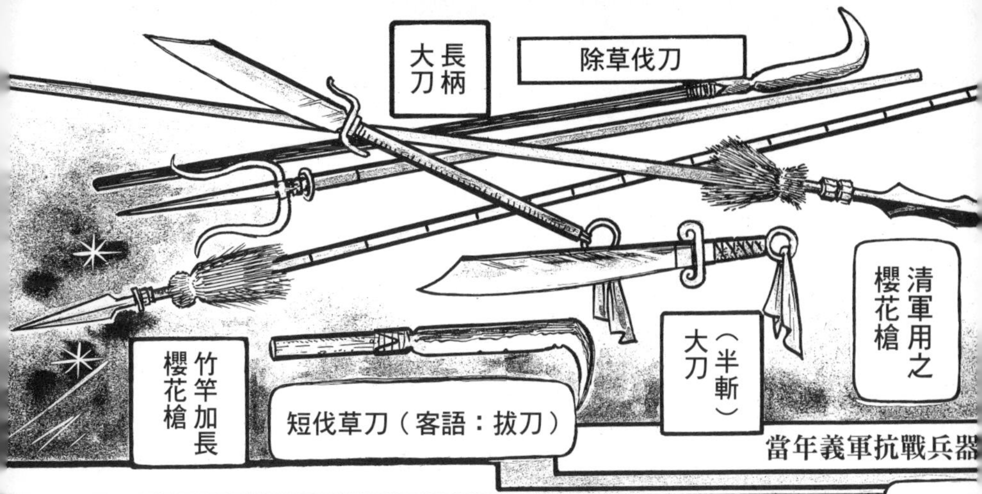
長柄大刀
除草伐刀
清軍用之櫻花槍
（半斬）大刀
竹竿加長櫻花槍
短伐草刀（客語：拔刀）
當年義軍抗戰兵器

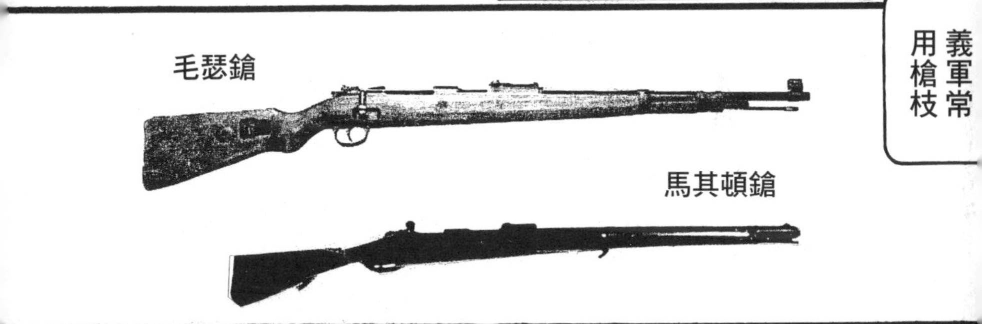
義軍常用槍枝
毛瑟鎗
馬其頓鎗

於此，補充一格以避免遺珠之憾：自從抗日軍興，杞林「竹東」有個彭清松統率義勇兵一營，善戰號令嚴。
會合各路義軍進攻日軍據點，數次血戰之後不幸陣亡。（按：新竹廳志五三三頁）
彭清松戰死，其一營義軍死傷情形不詳。
彭
彭
他們死亡的光輝照亮大地，義勇英魂回到祖先身邊。

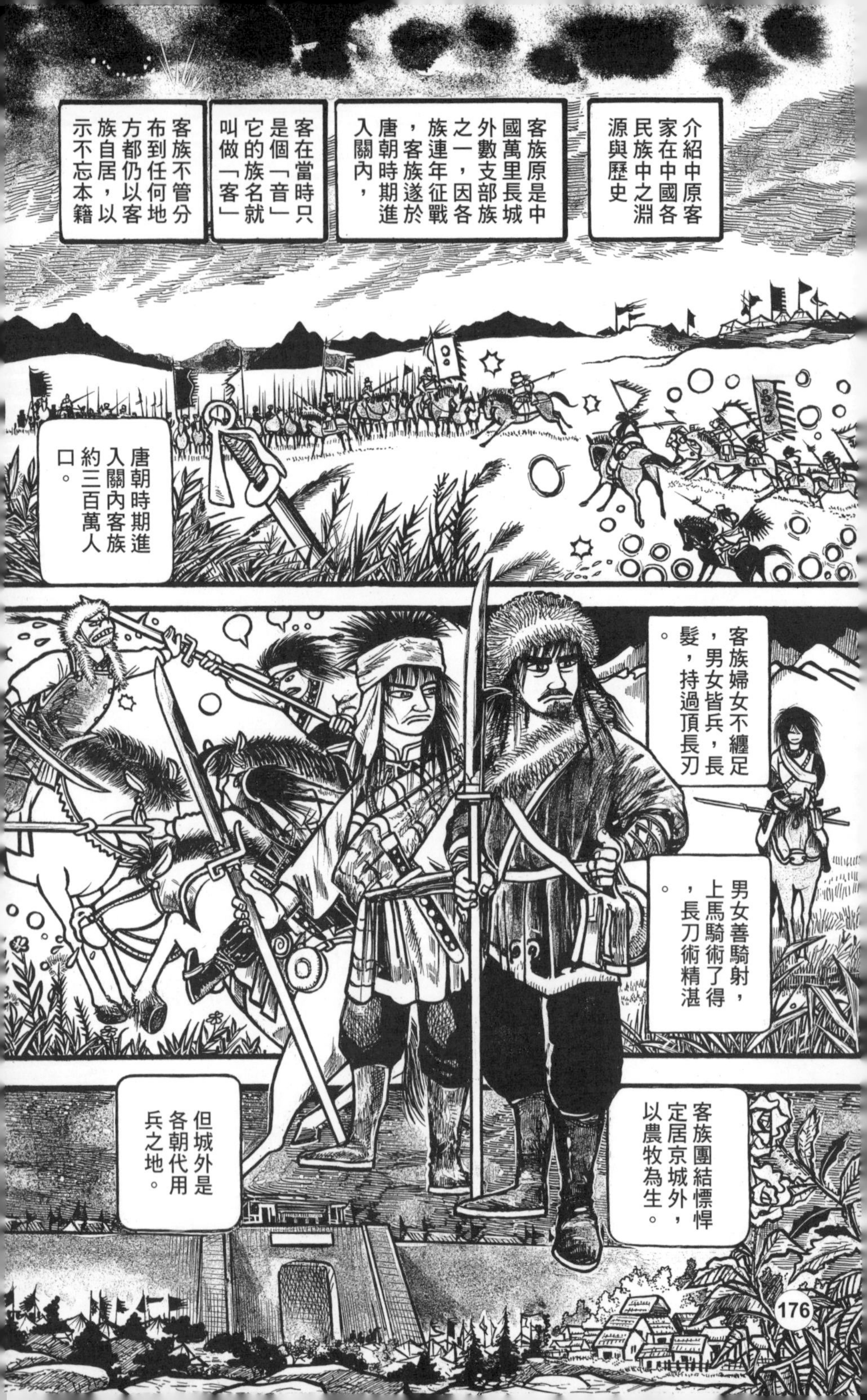
介紹中原客家在中國各民族中之淵源與歷史
客族原是中國萬里長城外數支部族之一，因各族連年征戰，客族遂於唐朝時期進入關內，
客在當時只是個「音」它的族名就叫做「客」
客族不管分布到任何地方都仍以客族自居，以示不忘本籍
唐朝時期進入關內客族約三百萬人口。
客族婦女不纏足，男女皆兵，長髮，持過頂長刃。
男女善騎射，上馬騎術了得，長刀術精湛。
客族團結慓悍定居京城外，以農牧為生。
但城外是各朝代用兵之地。

客族因不堪戰爭波及便部份往南遷徙，尤其五胡亂華時，客族因避亂大舉往南方各省遷移。
客家族
客
此內容是根據台灣客族文學家鍾理和先生，其某本著作所述，若有遺漏尚請見諒。
→歷史學者
就目前所知資料，客族除了中國各省有其蹤跡更分佈世界各地。
二百多年前，客族遷徙最西邊已至西藏，最東邊是台灣。
移至台灣客族有來自福建紹安、廣東梅縣等地。大部分是清朝時期遷入，散居台灣北中南各地。
來台後因常居於閩、番交界。故須聯村結社，培養武力以自保，除務農安身並鼓勵子孫就讀以赴仕途。
勇
勇
隘勇義民
官兵

勇 仁 義 孝 忠 華 大
俗語：一種米養百樣人義軍浴血抗日，不計代價，然卻也有到處為日軍幫忙出力的「高毛大畜生」陳貴舍。「舍」是福語有錢人的通稱。究竟是陳貴舍或是陳貴社已無法查考。
不畏死的抗日青年義民。
對日軍卑躬屈膝。
對台灣同胞輕視傲慢無禮。
陳
查探義軍行蹤，為日軍帶來勝利。
漢奸嘴臉
客語詩云
竹塹有個陳貴社，行到犁頭來請番，一半請到竹塹去，一半戰到半山行，百姓聞知個個罵，咒罵高毛大畜生。
註：高毛，客語，罵人的話。如：高毛絕代。
義軍與日軍數度交鋒到6月底，日軍對這股戰鬥力量感到威脅。
7月2日樺山向伊藤博文電告要求改變作戰計畫，並向大本營要求增兵。
把準備在台南、鳳山登陸的近衛師團第二旅團送到台北支援。
台灣土匪太多又強悍，不增兵無法南下掃盪悍匪。
《介紹》清朝大官用的平尾配刀

日軍自澳底登陸以來，戰瑞芳，克獅球嶺後於台北始政，真有水野遵所說的「天兵所向絕風塵」的氣勢。
據查台灣閩、客男人都是單身來台和番女通婚再生下後代，而番人是南島語系的母系社會。
絕不留情
絕不手軟
之前日軍對付的是短命的民主國潰散舊清兵，現在交手的是台灣人民自行組織的義軍。
這麼落後的民族，反抗我軍必自取滅亡！
激烈頑強的抵抗，是被勝利沖昏了頭的樺山資紀所始料未及的。
此戰後，將在冥府與家人重聚慶功。
日寇鐵騎踏碎家園，森森的刺刀，刺穿親人胸膛。
報仇！報仇！
大華
抗日女戰士英姿

中華民族不當螻蟻偷生！

一八九五年乙未抗日大戰，前十天唐的領導抗戰如兒戲，
接下來的激戰才是台灣有史以來最大的戰爭，
不但犧牲慘重抗戰也最為持久。
前期抗戰四個月二十六天，
義軍和無辜百姓就犧牲十九萬餘人之眾。
前期抗戰全台義民蜂起抗日，
數百人或數千人的激戰自民前十六年至民前十年又打了七年餘
犧牲義民百姓約二十萬人之眾。
直到明治三十五年五月三十日日軍消滅鳳山後壁林
林少貓義民組織四百餘人之役，
此役可稱台灣抗日戰事告終，全島遂為日軍所有。
近八年的抗戰，特點是參戰官民全屬自動自發非受命而為。
參戰人不只福建福佬系和客家系的台灣人，
內地參戰官民也不少。
簡直可說這七年餘，是中華民族的全民對日浴血抗戰。

舉事抗日成大名

與其生為降虜，不如死為義民。
願人人戰死而失台，絕不拱手讓臺。
誓不與倭人俱生，
勢必勉強支持至矢亡援絕。

客家義民廟

許多義民廟在日軍進駐住宿後，離開時便予以燒毀。

客家義勇軍，始自新竹到台南曾文溪各英雄豪傑事蹟能夠詳盡敘述…繪者感謝竹北圖書館林伯燕老師和竹東鎮楊鏡汀校長及淡江大學羅運治教授的資料提供，才能使姜紹祖、徐驤的英烈史蹟那麼豐富真實。

閩南之虎大出擊

大嵙崁（今大溪）袋口戰術殲魔軍

7月9日之後，新竹附近戰事暫時平息。
桃園縣大溪、三峽一帶大戰開始。
許明、大成、小江與其他義軍退至大溪、三峽一帶。另有由基隆、台北撤退的義民官兵及百姓也在這一帶重起爐灶生活。
在此他們認識了許多難民，成了患難之交。
老弱婦孺，孤兒寡婦特別多。
當我們戰死或年老死亡，日鬼也老死。
今日的誓死抗戰，將永遠消失無蹤。

在此，他們認識了幾個逃難的婦女，青年男女自然就互相交往。
小江，你說吧。
嘻嘻
說說你們殺番鬼的故事嘛。
說呀。
惜英
文妹
在這裡過了幾天安靜快樂的日子。
阿霞
哈哈哈！
嘻嘻。
佳麗
明月

清日戰爭中，余清勝受命來台灣防守大嵙崁、龜崙嶺（龜山）一帶，目的在保護製樟腦事業。
余對台灣無充分認識與熱情，聞日軍進駐台北即下定主意，準備與日本妥協，使其得以平安歸國。
六月十三日余隨日軍偵查員赴台北，向日軍提供清軍屯兵隘勇名冊，屯隘配置圖及砲墩位置圖。日軍以將官之禮送其返國後，各屯兵隘勇不恥余所為，紛紛加入義軍。
馬關條約傳來時，三角湧地區富豪蘇力即刻號召鄉民成立「三角湧義民營」，並上書唐景崧表明願加入抗日行列。
唐氏並委任蘇力為「三角湧義民營」統領
蘇力亦委任其姪蘇俊為副統領。陳小埤為分統，三人號稱抗日三傑，
生員黃鏡源、富豪翁景新也投入抗日。
陳小埤
蘇力
蘇俊
其母為蘇力堂姊，稱蘇力為六舅。
三峽，古稱三角湧。
蘇力，祖籍福建安溪，一八三八年生，世代務農。平日熱心公益才得以在地方號召成軍。
蘇俊幼時患小兒麻痺，以致右腿微跛，所以又有「擺俊」之稱，稱蘇力為六叔。
福建在中國簡稱閩，泉州、漳州在台移民稱閩南人或福佬人閩南人精悍如虎，將以袋口戰術擊斃日軍近千之眾。

義民大本營設於市街上的媽祖廟「興隆宮」。糧秣與軍械則設於長福巖祖師廟。指揮部設於廟對面的鳶山上。
祖師廟的紅色令旗豎在山上做為指揮旗，並在山上安置九尊土砲。祖師廟大鼓移到山上做戰鼓，又向民主國政府請領槍械支援。
咚咚
大時代聖戰，福佬人也不怕死。
大溪（大嵙崁）耆老廖運藩、江次包、江國輝、呂建邦等乃集福仁宮，議設安民局，捐金雇勇以維持地方秩序
因余清勝降日，地方領袖黃連取、黃尖頭、邱南、鄭西風、吳連智、劉大用、簡老明等集福仁宮改安民局為忠義局籌備抗日。
不怕死的都來了！
集敢死義民千人，分為十哨每哨百人，稱福佬義民軍。
大嵙崁義民軍
大嵙崁（今桃園大溪鎮）
大嵙崁忠義局成立大會

以武秀才江國輝為總統（今之鄉長）五十二歲
桃園大嵙崁人，原籍福建平和，三十二歲考取武秀才。
李建邦為幫帶
李家允為幫帶
簡玉和為營官

各地散兵遊勇及民兵湧入此地，使大溪、三峽一帶義民增至一萬人之眾。
派往中南部的人回報，中南部也燃起了抗日怒火，劉永福大將軍有意揮黑旗軍北上。
台灣知府黎景崧亦來訊激勵，如此資訊鼓舞了這一帶義軍，決心赴湯蹈火與日軍決一死戰。
義軍組合，當地財主、佃農、工人、潰退兵勇、難民、婦女、或向鄉人抽丁。
民義軍
三角湧義軍
義民營
臨時湊合的福佬義軍，準備殲滅最具現代化的日本兩個軍團，兵員一萬三千人是嚴訓過的殺人機器。

介紹大溪以北龍潭坡守備狀況
貢員鄭逢照組安民局，徵鄉勇（每庄）以十人守之。
忠孝節義，義勇之師
正氣
獲吳嘉猶等義士率部支援，抗戰實力大增。
鐵漢義民吳嘉猷

日軍輕易地拿下台北城，認為不出一個月便能掃平全台
由步兵大佐阪井重季指揮的混成支隊卻在新竹附近飽受客家義民攻擊。
桃園安平鎮村舍一戰才知道台灣人的耐戰。
所以向大本營求兵，待擬在台南登陸的近衛師團第二旅團轉赴台北後才敢出戰。
大本營並答應另派遣一支混成旅團於南部登陸準備南北合擊。
致命大魔頭出戰；第一旅團長山根信成少將。
能久親王再度編組一個混成支隊交由山根信成指揮，以掃蕩大漢溪兩岸及桃園附近兵站線。
先派斥候到大嵙崁龍潭坡一帶偵查。
武力就是真理！
之後皇軍分三路掃蕩。
我進攻新竹以東龍潭坡，另兩隊進攻大嵙崁和三角湧。
沿途若遇反抗，格殺勿論。

7月12日日軍兵分三路，另加一支運糧隊。
台北縣
板橋
新莊
土城
中壢
一路由三根信成率領沿鐵路線到中壢街，再轉往龍潭坡。
一路由今田亮夫大尉率領，沿淡水河左岸取道海山口（新莊）和樹林方向進二甲九（鶯歌）南進大嵙崁街。
一路由枋城少佐率領，沿淡水河上游大嵙崁溪（今大漢溪）右岸前進至三角湧街（三峽），展開掃蕩義軍行動。
糧隊
三角湧
鶯歌
大嵙崁
日軍自認南進以來此役死傷最慘重，後來於三角湧建碑紀念陣亡日軍，稱三峽忠魂碑。
番鬼到了，害我們失去原來溫順的自己。
斥候素珠
斥候阿誠
日匪大隊出發了，快去報告。
番鬼經過三角湧時，我們要不動聲色讓其深入，再由後伏擊。
大家趕快聯絡各路義軍夾擊。
陳小埤率隊劫糧船。
事前皆已籌畫，大家照計畫行事即可。
是！

7月12日早上五時，日軍枋城少佐率隊（總數八百九十四名）進入三角湧街。

當地人民不動聲色，假做善意，殷勤幫日軍搬運物品。
日本國萬歲！
大日本善良民
大日本萬歲
大日本善
可愛的支那清國奴，哈哈哈。
大日本國萬歲！

當夜日軍在此歇息。
啊，走了一整天累死了。
一夜無事，隔天日軍將陷伏擊。
魔軍入林
蘇力已派人聯絡大嵙崁方面，準備誘日軍深入再合擊。
去四鄉求兵。
並派斥候迅速聯絡附近各庄義民，跟蹤包圍日軍。
烏塗堀有近千人等我聯絡作戰。
闖虎出擊
次晨，日軍自三角湧開拔朝大嵙崁的虎穴蜂窩前進，闖虎出閘啦。
乎伊死！（閩南語）
7月13日起數晝夜，義軍與日軍激戰於福德坑、娘子坑。另坊城隊戰於南靖厝、二甲九，山根少將率支隊攻龍潭坡，義軍入竹林據屋抗之。
待續

自西元 1895 年 5 月 29 日 14 時 40 分日軍侵台始 ——

漫畫　清末乙未年　台灣抗日大戰

參考書籍及各界提供資料		
台灣抗日史	陳漢光 / 著	海峽學術出版社
台灣武裝抗日秘史	喜安幸夫 / 著	廖祖堯 / 譯
台灣抗日忠烈錄 第一輯		台灣省文獻委員會 / 編印
攻台見聞	許佩賢 / 譯	遠流出版社
攻台圖錄	鄭天凱 / 著	遠流出版社
吳彭年 徐驤 合傳	程玉鳳 / 著	台灣省文獻委員會
台灣省通志稿 革命志 抗日篇	台灣省文獻委員會 / 編	海峽學術出版社
辜顯榮傳奇	靜思 / 著	前衛
八千里外弔民殘	洪明燦 / 著	遠流出版社
黃虎旗的故事		國立台灣博物館 / 編印
台灣抗日秘辛 蕭壠走番仔反	曾旺萊 / 編著	台南縣文化局 / 編印
攝影中國 攝影台灣	雄獅美術 / 編	雄獅圖書公司 / 出版

感謝數位學者提供寶貴資料，讓本書增加更多真相

桃園、新竹、新埔、苗栗附近各戰役	新竹縣縣史館資料	林柏燕老師 / 提供
姜紹祖抗日歌 日軍據台（約二十首）		竹東鎮楊鏡汀校長 / 提供
乙未頭份抗日秀才徐驤事蹟考		羅運治教授 / 撰

註：

南投圖書館館長（不知姓名，已退休），知道我在畫這本書，請秘書寄給我（吳彭年、徐驤合傳）。對兩位烈士抗日事蹟描寫非常詳細，讚揚懷念抗日烈士的詩文也很多。謝謝館長！

國家圖書館出版品預行編目資料

一八九五年台灣抗日大戰/ 陳寬和 編繪
--初版-- 臺北市：蘭臺網路出版商務股份有限公司；2015.6
面；公分--（漫畫系列 1）
ISBN：978-986-5789-62-6(平裝)
1.臺灣史 2.日據時期 3.漫畫
733.28　　104009996

漫畫系列 1

一八九五年 台灣抗日大戰

作　　者：陳寬和
美　　編：許佩琳、謝杰融
出 版 者：蘭臺網路出版商務股份有限公司
發　　行：博客思出版社
地　　址：台北市中正區重慶南路1段121號8樓之14
電　　話：(02)2331-1675或(02)2331-1691
傳　　真：(02)2382-6225
E—MAIL：books5w@yahoo.com.tw或books5w@gmail.com
網路書店：http://www.bookstv.com.tw 、華文網路書店、三民書局
http://store.pchome.com.tw/yesbooks/
博客來網路書店 http://www.books.com.tw
總 經 銷：成信文化事業股份有限公司
劃撥戶名：蘭臺出版社 帳號：18995335
香港代理：香港聯合零售有限公司
地　　址：香港新界大蒲汀麗路36號中華商務印刷大樓
C&C Building, 36,Ting, Lai, Road, Tai,Po, New,Territories
電　　話：(852)2150-2100　傳真：(852)2356-0735
總 經 銷：廈門外圖集團有限公司
地　　址：廈門市湖裡區悅華路8號4樓
電　　話：86-592-2230177　傳 真：86-592-5365089
出版日期：2015年 6 月 初版
定　　價：新臺幣200元整
ISBN：978-986-5789-62-6(平裝)

本書榮獲行政院客委會贊助出版